本书的写作和出版受到中央支持地方高校改革发展资金项目"行政管理双一流专业建设"、重庆市特色学科专业群项目"舆情传播与风险管理"与重庆市"十三五"重点一级学科公共管理的资助

政府公共服务供给能力研究
——以西部地区地方政府为例

淳于淼泠 郭春甫 金莹 著

图书在版编目(CIP)数据

政府公共服务供给能力研究:以西部地区地方政府为例/淳于淼泠,郭春甫,金莹著.—北京:北京大学出版社,2017.12

ISBN 978-7-301-28970-9

Ⅰ.①政… Ⅱ.①淳… ②郭… ③金… Ⅲ.①地方政府—社会服务—研究—中国 Ⅳ.①D625

中国版本图书馆 CIP 数据核字(2017)第 297057 号

书　　　名	政府公共服务供给能力研究——以西部地区地方政府为例 ZHENGFU GONGGONG FUWU GONGJI NENGLI YANJIU——YI XIBU DIQU DIFANG ZHENGFU WEI LI
著作责任者	淳于淼泠　郭春甫　金　莹　著
责任编辑	武　岳
标准书号	ISBN 978-7-301-28970-9
出版发行	北京大学出版社
地　　　址	北京市海淀区成府路 205 号　100871
网　　　址	http://www.pup.cn
新浪微博	@北京大学出版社　　@未名社科-北大图书
微信公众号	ss_book
电子信箱	ss@pup.pku.edu.cn
电　　　话	邮购部 62752015　发行部 62750672　编辑部 62753121
印　刷　者	三河市北燕印装有限公司
经 销 者	新华书店
	650 毫米×980 毫米　　16 开本　　12 印张　　113 千字 2017 年 12 月第 1 版　　2017 年 12 月第 1 次印刷
定　　　价	36.00 元

未经许可,不得以任何方式复制或抄袭本书之部分或全部内容。
版权所有,侵权必究
举报电话:010-62752024　电子信箱:fd@pup.pku.edu.cn
图书如有印装质量问题,请与出版部联系,电话:010-62756370

前　言

近年来,随着中国市场经济体制改革的日益深化和政府职能的逐渐转变,地方政府在增强公共服务供给能力、提高公共服务水平方面进行了一系列的探索和实践,取得了一定的成效,但我国基本公共产品供给总量还相对不足,远远滞后于整个社会的经济发展水平,影响了广大人民群众生活水平的提高和地方政府的公信力。公众日益增长的公共服务需求与公共产品供给短缺、低效的矛盾,从各个方面影响着中国社会政治、经济的可持续发展。如何有效地缓解这一矛盾,提高地方政府公共服务的供给能力,是执政党、政府、学界重点关注和力求解决的问题。而中国西部地区,受自然环境、经济发展水平等因素的制约,公共产品供给的总量和结构失衡、地方政府的公共服务供给能力不足等问题更为突出。为此,西部地区地方政府公共服务供给能力的研究具有重要的理论意义与现实意义。

本书通过对政府公共服务能力建构的现有资料的梳理和

借鉴，提出了地方政府公共服务供给能力的构成框架，即以核心能力、内在能力、外显能力三个部分有机构成的能力体系，其中核心能力是公共服务供给能力中的公共服务资源调配能力。在此能力构成体系的基础上，本书对中国西部地区六省、直辖市公共服务供给能力进行了三个方面的实证分析和研究：一是基于公众满意度的地方政府公共服务供给能力评价；二是基于服务效果的地方政府公共服务供给外显能力分析；三是基于服务过程的地方政府公共服务供给能力内在要素分析。

　　本书围绕地方政府公共服务供给能力这一中心，展开了由外部研究向内部研究，由偏向主观感受的研究向偏向客观现实的实证研究，从不同侧面考察西部地区地方政府公共服务供给能力在整体上和分项要素上的主要现状，并用实证方法得出的研究数据分析了制约地方政府公共服务供给能力的一些主要因素，讨论了西部某些地方政府提升公共服务供给能力的个案，最后提出了加强西部地区地方政府公共服务供给能力的对策建议。

目录

第一章 绪论   1
  一、研究的目的与意义   4
  二、研究的基本内容   8
  三、核心概念阐释   9
  四、研究的重点、难点与创新点   16

第二章 研究综述   18
  一、国外研究现状   19
  二、国内研究文献综述   27
  三、简要述评   53

第三章 我国地方政府公共服务供给能力及其发展变化   57
  一、公共服务供给能力的基本模式   57
  二、我国地方政府公共服务供给能力的发展状况   63
  三、公共服务供给能力的西部特征   67

第四章 西部地区地方政府公共服务供给能力评价的实证研究   71
  一、西部地区地方政府公共服务满意度的实证分析   71

二、西部地区地方政府公共服务供给能力评价的
　　　　实证分析　　　　　　　　　　　　　　88
　　三、西部地区政府公共服务供给能力结构分项评价　97

第五章　西部地区地方政府公共服务能力要素分项
　　　　评价研究　　　　　　　　　　　　　　103
　　一、公共服务组织能力评价　　　　　　　　　105
　　二、公共服务协调能力评价　　　　　　　　　112
　　三、公共服务沟通能力评价　　　　　　　　　116
　　四、公共服务决策能力评价　　　　　　　　　117
　　五、公共服务监督能力评价　　　　　　　　　124

第六章　西部地区地方政府提升公共服务供给
　　　　能力的实践　　　　　　　　　　　　　　125
　　一、政府购买公共服务：云南的探索　　　　　125
　　二、重庆：政府为农民"购买"公共卫生服务　130
　　三、贵州：多部门提供基础教育公共服务　　　133
　　四、陕西：推行公私合作提供公共服务　　　　139
　　五、四川双流：创新村级公共服务供给方式　　142
　　六、甘肃："互联网+政务服务"　　　　　　　146

第七章　西部地区地方政府公共服务供给能力的制约
　　　　因素及其提升路径　　　　　　　　　　　151
　　一、西部地区地方政府公共服务供给能力的制约
　　　　因素分析　　　　　　　　　　　　　　151

二、西部地区地方政府公共服务供给能力的提升路径　157

第八章　结论与展望　168

一、研究结论　168

二、后续研究展望　171

主要参考文献　173

第一章 绪 论

快速变化、全球化、高度竞争以及高度的不确定性是当今世界的特点，传统的治理和公共行政已经难以胜任这种快速变化的环境所带来的挑战。政府在面临越来越复杂的公共行政环境以及公共资源约束的条件下，如何更好地提高公共服务供给能力是横亘在政府面前的"麻烦事"。事实上，如何平衡公共服务的供给与需求，历来是政府行政管理中的核心问题。从各国政府行政管理的发展历史来看，这种供需关系始终是处于矛盾状态中的，其矛盾的大小与表现形式也呈现出多样性和复杂性。因为，产生公共服务供需矛盾的因素较多，如政治制度、行政管理体制、公共财政、政府公共服务供给能力等因素，而其中最主要的莫过于公共资源的有限性和公众对公共服务需求的日益增长。为此，适应行政环境的变化，降低政府行政管理的成本，提高政府公共服务的供给能力，尽量满足公众对公共服务的需求，为政府的合法性获取最大的公众满意度，都是政府行政管理领域中需要持续不断关注和研究的重要课题。正是基于此,为了适应全球化的挑战和缓解公共资源不足与公众对公共产品需求的快速增长这一矛盾,自20世纪70年代以来,以英美为代表的西方主要发达国家相继开展了政府行政管理改革,重新定位和设计了政府职能,通过不断努力,最终政府职能从"以管理为中心向以服务为中心转变"。这股世界性的政府职能变革浪潮,既是对以往政府行政管理实践的深刻反思,也是政府对新时代和新环境的自觉适应。

目前,中国正处于社会转型期的关键阶段,各种社会矛盾较多,在经济增长的同时,社会大众的公共利益诉求日趋多样化、复杂化。面对这种新的挑战,中国政府特别是地方政府公共服务供给能力不足的问题逐渐凸显出来。地方政府公共服务供给能力的滞后,不仅满足不了公众对公共服务、公共产品的需求,在有些方面甚至还制约着建设服务型政府总体目标的实现。早在2004年2月,时任总理温家宝在省部级干部"树立和落实科学发展观"研讨班上就首次提出要"努力建设服务型政府"。2005年3月5日,温家宝在《政府工作报告》中再次明确提出要"努力建设服务型政府",并将服务型政府阐释为"创新政府管理方式,寓管理于服务之中,更好地为基层、企业和社会公众服务。整合行政资源,降低行政成本,提高行政效率和服务水平。政府各部门要各司其职,加强协调配合。健全社会公示、社会听证等制度,让人民群众更广泛地参与公共事务管理。大力推进政务公开,加强电子政务建设,增强政府工作透明度,提高政府公信力"。党的十七届二中全会通过的《关于深化行政管理体制改革的意见》中明确要求通过改革,到 2020 年实现政府职能向创造良好发展环境、提供优质公共服务、维护社会公平正义的根本转变。2012 年 7 月,中国政府公布了《国家基本公共服务体系"十二五"规划》,这是我国第一部国家基本公共服务方面的总体性规划,涵盖了教育、就业、社会保障、医疗卫生、住房保障、文化体育等领域。党的十八大报告进一步把基本公共服务体系建设摆在重要位置,要求加快形成政府主导、覆盖城乡、可持续的基本公共服务体系。可见,这些重大改革部署都涉及政府公共服务职能,对政府改善公共服务职能、提高基本公共服务供给能力、促进社会公平正义提出了更高的要求。在政府强化和完善公共服务职能的过程中,面向辖区公众的地方政府是主要任务的承担者。所以,提高地方政府的公共服务供给能力,是国家建设基本公共服务体系的必然要求。换言之,建设服务型政府和基本公共服务体系要求与之相适应的公共服务供给能力,只有各级政府的公共服务供给能力强化了,才能有效地强化政府的公共服务职能;只有政府的公共服务职能基本上能满足快速增长的公共服务需求时,才能建立起满足社会发展需要的服务型政府及其基本公共服务体系。在此背景下,研究公共服务的地方政府供给能力无疑是具有重要意义的。

一、研究的目的与意义

地方政府是我国政府行政管理体系中的重要组成部分，担负着为地区居民提供各种公共服务、公共产品、实现公共服务均等化、满足公众的公共服务需求进而提高地区居民福利水平的职责。在中国，随着市场经济体制的改革日益深化和政府职能的逐渐转变，政府在增强公共服务供给能力、提高公共服务水平方面进行了一系列的探索和实践，并取得了一定的成效，但我国基本公共产品供给总量相对短缺、结构失衡问题依然存在，尤其是地方政府的公共服务供给能力仍然有待加强。

为此，本书力求比较具体和真实地了解我国西部地区地方政府公共服务供给能力的现状，建构分析地方政府公共服务供给能力的基本框架，在实证研究的基础上对西部地区地方政府公共服务供给能力的主要方面给出比较客观的评价，并进一步分析公共服务供给能力的西部特点及其制约因素，为西部地区地方政府公共服务供给能力的增强提供政策建议。

（一）理论意义

1. 从理论上扩展了公共服务的研究范围

在当代治理变革浪潮下，国外尤其是西方国家已经展开了卓有成效的公共服务创新进程，其供给机制、供给方式都发生了深刻变化。同时，致力于公共服务供给能力建设的实践也不断推进。而在理论上，国外学者对这种实践及经验进行理论上的分析和提炼，形成了多种新理论。目前，我国社会对公共服务的需求已经进入到高速增长阶段，而公共服务的制度改革仍明显滞后于社会经济发展进程。这就要求我们合理选择和创新公共服务的提供机制与提供方式，推进对多样化公共服务的分类管理，构建高效、公平和权责对称的公共服务供给模式，提高政府公共服务的供给能力。目前我国各地展开的公共服务提供机制、提供方式、供给能力等各层面的创新实践，数量众多，类型各异，这些都迫切需要进行理论反思。本书以西部地区地方政府公共服务供给能力为观测对象，在构建公共服务供给能力框架的基础上，对公共服务供给能力进行类型学的划分，迈出了理论化过程的重要一步，扩展了公共服务的研究范围。

2. 析出了公共服务供给能力的构成要素

本书通过对政府公共服务能力建构的现有资料的梳理和借鉴，提出了地方政府公共服务供给能力的构成要素，即以核心能力、内在能力、外显能力三个部分有机构成的能力体系，其中核心能力是公共服务供给能力中的公共服务资源调配能力。在公共服务供给能力构成体系的基础上，本书对中国西部地区六个省、直辖市的公共服务供给能力进行了三个方面的实证分析和研究：一是基于公众满意度的地方政府公共服务供给能力评价；二是基于服务效果的地方政府公共服务供给外显能力分析；三是基于服务过程的地方政府公共服务供给能力内在要素分析。本书分析出了公共服务供给能力的构成要素，并予以实证检验，补充了对公共服务供给能力关键要素的研究。

3. 建构了公共服务供给能力的分析框架

在较为准确地定位公共服务供给能力构成要素的基础上，初步建构了公共服务供给能力的分析框架。本书认为，地方政府公共服务供给能力是由公共服务组织能力、决策能力、协调能力、沟通能力、监督能力等构成要素构成。而其外显能力则表现为以下四个方面的基本能力：一是社会保障供给能力；二是基础教育供给能力；三是医疗卫生供给能力；四是公共环境供给能力，包括社会环境能力和自然环境能力。两者处于有机统一体中，相互影响、相互作用。内在构成要素是外显能力的基础，外显能力是内在构成要素的具体体现和促进力量。在此基础上，建构了一个基于公共服务供给能力的分析框架，以西部地区为例，对该分析框架进行研究，扩展了公共服务供给能力研究的区域与层级。

（二）实践意义

本书对我国建设服务型政府与和谐社会具有重要的现实意义，对我国的社会建设，尤其是政府公共服务也有重要的实践意义。

就政治意义而言，通过对外部环境条件基本相同、略有差别的西部地区地方政府公共服务供给能力的实证研究，有助于提高西部地方政府在公共服务中解决和处理各项公共事务的能力，从而增强政府执政能力，重新进行政府职能定位，构建服务型政府，完善监督机制。通过对影响西部不同地区、不同层级地方政府公共服务供给能力因素的比较分析，发现已经出现的有推广价值的地方政府公共服务供给能力的模式，并对造成地方政府公共服务供给能力低下的各种现象和原因进行分析，提出改进方案。

从经济意义来说，通过对影响西部地方政府公共服务供给能力内外部制约因素的比较分析，重新梳理中央和地方的财政分配制度来解决地方政府提供公共服务的财政问题；通过探究市场经济下的政府应如何充分发挥其协调优势，合理配置市场、社会主体的公共服务资源，以充分利用市场、社会两大主体的优势来提高西部地方政府公共服务的产出并降低服务成本。

从文化意义分析，通过对影响西部地方政府公共服务供给能力的内在构成要素和公众的满意度分析，提高公务员素质和服务能力，尊重公民权利、建立服务意识；西部地方政府公共服务供给能力的提高也是对公众需求感知能力的提高，这有利于公众的广泛参与和监督，可以促进行政文化的良性发展，进而推动我国的政治民主建设。

从社会意义来说，通过对西部不同地区、不同层级地方政府公共服务供给能力的构成、实现过程及其效果的交叉研究来分析西部地方政府公共服务供给能力，有利于剖析西部地区公共服务供需不平衡的矛盾，推动和谐社会的建设；通过提供地方政府公共服务供给能力的提高来实现不同地区、不同层级的公共服务均等化，实现公共利益的最大化，缓解社会矛盾，拓宽与公众沟通的渠道，推动经济社会的和谐发展。

二、研究的基本内容

以科学发展观为指导思想，紧扣构建服务型政府的时代主题，从西部的实际情况出发，以"民生"为目标取向，通过对重庆、四川、贵州、云南、甘肃、陕西六个地方的地方政府公共服务供给能力的实证调查，比较不同经济文化背景下的西部地方政府公共服务供给能力的差异，从地方政府规模、结构和公共服务供给能力实现的过程来分析西部地区公共服务供需现状差异的原因，厘清服务型政府职能下，西部地方政府公共服务供给能力的核心要素，探求西部地方政府公共服务供给能力有效实现的路径。

本书的主要内容可以概括为六个方面。

一是地方治理理论与西部地方政府对接的理论分析，西部地方政府公共服务供给能力实现路径的理论分析。

二是构建西部地方政府公共服务供给能力的概念范畴，对西部不同地区地方政府公共服务供给能力构成要素展开比较分析，寻找其要素构成的异同及其产生的内外原因。

三是分析公共服务均等化原则下地方政府公共服务供给能力对地方政府规模与结构配置的新需求，讨论西部地方政府规模、结构与其公共服务供给能力的互动作用，寻找科学处理西部地方政府规模、结构与公共服务供给能力的基本原则。

四是探求西部地方政府公共服务供给能力演变的规律，比较选点调查地区地方政府公共服务供给能力的现状，调查公众对当前地方政府公共服务供给能力的评价和公共服务的满意度，并与其政府结构规模及行为方式进行比较分析。

五是考察不同地区、不同地方政府公共服务供给能力的实现过程，比较其公共服务供给能力实现的方式、程序对公共服务供给能力及其效果的影响。

六是分析不同地区、同级别公务员角色意识和行为方式的差异，以及这些差异对西部地方政府公共服务供给能力的影响。

最终，本书不仅从总体上对西部地方政府公共服务供给能力的现状进行了描述，对其经验和问题的原因做出判断，而且为西部地区地方政府公共服务供给能力的强化提供了可行性对策。

三、核心概念阐释

（一）地方政府与基层政府

地方政府是中央政府为治理国家一部分地域或者部分地

域某些社会事务而设置的政府单位。《中华人民共和国宪法》第三十条规定:"中华人民共和国的行政区域划分如下:(一)全国分为省、自治区、直辖市;(二)省、自治区分为自治州、县、自治县、市;(三)县、自治县分为乡、民族乡、镇。直辖市和较大的市分为区、县。自治州分为县、自治县、市。"我国自省以下的四级政府统称为地方政府。本书所指的基层政府,是地方政府体系结构中的基础部分,是与社会公众接触较多、直接提供公共服务的地方政府,主要包括县、乡(镇)两级政府。

(二)公共服务

较早对公共服务的概念进行界定的是法国学者莱昂·狄骥,他在1912年从公法的角度将公共服务定义为"任何因其与社会团结的实现与促进不可分割,而必须由政府来加强。以规范和控制的活动就是一项公共服务,只要它具有除非通过政府干预,否则便不能得到保障的特征"[①]。20世纪80年代前后,随着新公共管理运动的兴起,公共服务成为当代公共管理研究的重要内容。埃利诺·奥斯特罗姆提出公共服务是指以服务形式存在的公益物品。公共服务具有以下性质:一是公共服务的不排他性与共用性,二是公共服务的不可分

---

① 〔法〕莱昂·狄骥:《公法的变迁——法律与国家》,郑戈、冷静译,辽海出版社、春风文艺出版社1999年版,第53页。

性,三是公共服务的不可衡量性。①

迄今为止,国内研究者对公共服务的概念尚未形成统一的认识,但随着时代的变迁,公共服务的概念也有了进一步的演变。在吸收国外新公共管理理论和新公共服务理论优秀思想的基础上,结合我国的实际情况,本书认为公共服务是由中央或地方政府为满足公共需求,通过使用公共权力和公共资源,向全国或辖区内全体公民或某一类公民直接或间接平等提供的产品和服务。具体包括科学研究、基础设施、公共交通系统、环境保护、城市规划、社会福利、警察服务、公共教育、消防救灾、信息服务等,既有物质形态的公共服务,也有非物质形态的公共服务。根据不同的标准,公共服务有不同的分类方法:

1. 按照公共服务的属性特征分类

基于公共物品理论,按照公共服务的特征,可以将公共服务分为纯公共服务、准公共服务以及部分具有竞争性和排他性的服务。纯公共服务是指具有完全的非竞争性与非排他性特征的公共服务,主要包括国防、外交、公共安全、义务教育、公共卫生、基础研究、公共基础设施等;准公共服务是指只具有非竞争性和非排他性其中之一特征的公共服务,如高等教育、部分医疗卫生服务、部分基础设施、公共图书馆等;还有一些如民航、邮政、电信、水电供应等服务尽管

---

① 〔美〕埃利诺·奥斯特罗姆:《公共事物的治理之道:集体行动制度的演进》,余逊达、陈旭东译,上海三联书店2000年版,第211页。

具有排他性与竞争性，但是由于这些服务具有垄断性和一定的公共性，政府在这些领域也承担着一定的公共服务职责。

2. 按照公共服务的功能分类

公共服务依据其功能的不同，可以分为维护性公共服务、经济性公共服务和社会性公共服务。① 维护性公共服务是政府为保证国家安全和国家机器正常运转而提供的公共服务，包括国防、外交、社会治安等；经济性公共服务是指政府为促进经济发展而提供的公共服务，包括公用事业的公共服务、生产者的公共补贴、公共基础设施建设；社会性公共服务是指政府为促进社会和谐与公正，为全体社会成员提供的公共服务，包括科技、教育、医疗、公共文化体育、就业、社会保障、环境保护等，对平等目标的关注在社会性公共服务中居于重要地位。

3. 按照公共服务的水平分类

根据满足社会公共需求的水平，可以将公共服务分为基本公共服务和非基本公共服务。基本公共服务是指在一定社会经济条件下，政府为满足社会基本公共需求，保障社会全体成员基本社会权利和基础福利水平，保持经济社会稳定，必须向全体居民均等地提供的基础性公共服务，包括义务教育、公共卫生、公共安全、公共交通、公共文化体育、社会

---

① 唐铁汉、李军鹏：《公共服务的理论演变与发展过程》，《新视野》2005年第6期。

保障等内容；非基本公共服务是政府为了提高社会成员的生活质量和生活水平而提供的更高层次的公共服务，旨在促进社会成员的全面发展，如高等教育、高福利等。

4. 按照公共服务的受益范围分类

将公共服务根据其受益范围分为两类：全国性的公共服务和地区性的公共服务。全国性的公共服务受益范围是全国性的、惠及全国公众或者事关国家整体利益，一般由中央政府供给，如国防安全等；地区性的公共服务既可以由地方政府单独供给，也可以由中央与地方联合供给，依据中央和地方受益程度的不同，可进一步分为以"中央供给为主、地方供给为辅"和"以地方供给为主、中央供给为辅"两种情形，如优抚安置等。

本书认为地方政府提供的公共服务更多的是地区性的基本公共服务，与公众的公共需求直接相关，如地方政府辖区的医疗、教育、公共卫生、基础设施和社会治安等和公众日常生活密切相关的公共服务。本书主要探讨的是由地方政府提供的具有非竞争性或者非排他性的公共服务。而由中央政府提供的全国性的公共服务、高层公共服务以及具有竞争性和排他性的公共服务均不在本书探讨的范围之内。

（三）地方政府公共服务供给能力

20世纪七八十年代以来，西方国家进行了轰轰烈烈的公共管理变革运动，其核心内容就是调整政府职能定位和重塑政府公共服务供给模式。奥斯本和盖布勒认为,政府应该掌舵而非划桨,主张借鉴企业管理模式,引入市场竞争机制,最大限度地满足消费者的服务需求。① 可以说,新公共管理运动拓宽了公共服务提供的方式和途径并以某种全新的模式来构建和评价政府的公共服务供给能力。之后,登哈特夫妇在民主社会的公民权理论、社区和市民社会的模型、组织人本主义和组织对话的基础上提出的新公共服务理论,为服务型政府的建设提出了直接的理论依据和全新的视角,同时也将公民纳入到公共服务提供的维度中,并将政府对公民公共服务需求的回应度纳入到政府提供公共服务能力的评价体系中。

1997年世界银行的年度报告《变革世界中的政府》指出"政府的作用再度成为人们讨论的焦点,无论是发达国家还是发展中国家的政府,都对政府能力提出了新的要求。这种能力就是指有效地采取并促进集体性行动的能力。而从产出来看,政府能力就是政府提供公共产品和公共服务的能力"。当前,随着社会经济的发展,我国政府提出构建和谐社会,推动民生建设。同时,公众对公共服务的需求也与日俱增。公众的需求与政府的目标都需要政府提升其公共服务供给能力来予以实现,或者说,政府公共服务能力的高低对于社会建设目标的实现将起着决定性的作用。

---

① 〔澳〕欧文·E.休斯:《公共管理导论》,彭和平等译,中国人民大学出版社2001年版,第286页。

地方政府公共服务供给能力是指地方政府通过筹集收入、安排支出，生产、提供受益范围在自己辖区的公共产品和服务以满足辖区社会成员公共需求的行为能力。公共服务供给能力涉及的领域较为广泛、内涵还难以准确界定。国内外诸多研究并没有从一个统合的概念上予以明确界定。本书综合一些学者对政府公共服务能力指标体系的研究认为，研究地方政府公共服务供给能力可以构造如图1.1的模型。

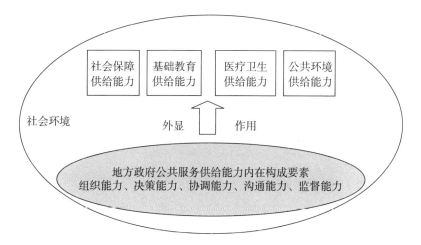

图1.1 政府公共服务供给能力模型

地方政府公共服务供给能力是一个复杂的综合性概念，其构成的各个层次和方面相互影响、相互制约，只有对地方政府公共服务供给能力各个方面进行综合考察，才能准确把握地方政府公共服务供给能力的内涵、特征。本书通过借助这一模型来分析基层政府公共服务供给能力现状及存在的问题，从而找到地方政府公共服务供给能力的提升路径。

四、研究的重点、难点与创新点

(一) 重点与难点

重点是在调查的基础上,通过比较分析,探索西部地方政府公共服务供给能力合理配置的核心要素,从内部和外部两方面入手,寻找西部地方政府公共服务供给能力实现的有效途径。

难点是如何从重庆、四川、贵州、云南、甘肃、陕西六个地区的比较中归纳出科学合理的评价、形成具有解释力的框架,并据此达到提升西部地方政府公共服务供给能力、降低行政成本的目的。

(二) 主要创新点

创新之处主要体现在以下三个方面。

一是公共服务供给能力结构分析的创新。从地方政府公共服务供给能力的静态构成、动态过程展开研究,从而为全方位把握地方政府公共服务供给能力提供新的视角和分析框架。

二是构建公共服务供给能力评价指标体系的创新。本书在前人研究的基础上从多角度重新构建了地方政府公共服务供给能力的评价指标体系,从而对地方政府公共服务供给能力进行全方位的把握和考量。

三是在实证研究上的多角度交叉、验证研究。从公众满意度、服务效果显示的外显能力和服务过程的能力要素三个角度考察西部地方政府公共服务的供给能力。三个角度相互交叉又相互验证，避免了单一角度评价可能出现的片面性，可以加大西部地区地方政府公共服务供给能力研究的力度和广度。

第二章　研究综述

公共服务供给是政府治理社会、实现善治的重要途径。而政府的公共服务供给能力则决定着公共服务供给的有效性，是政府的核心能力，其中地方政府的公共服务供给能力对于执政为民、提升政府合法性尤为重要，是政府善治的基石。

通过向社会提供各种类型的公共产品和公共服务，政府公共服务的行政职能才得以实现。随着社会经济的发展，政府提供公共服务的范围及其手段也在不断的变化，由此形成了不同的供给模式，而最为突出的变化就是由政府统一生产、统一供给的科层制模式，转变为多中心生产、多元主体供给的模式。政府公共服务供给模式的巨大变化，给政府提升公共服务供给能力、以适应社会发展的需要带来了新的挑战，也直接或间接地推动了学术界对政府公共服务相关领域的研究。在传统公共行政、新公共管理、治理等的研究中，政府公共服务供给及其绩效的探讨，历来都是学术界的核心议题。在当代西方的公共行政研究中，公共服务供给能力已经成为国内外学者共同关注的重要研究领域。

一、国外研究现状

目前国外对于公共服务供给能力研究的主要议题包括：公共服务供给能力对政府绩效的影响及测量；公共服务供给能力的类型学等相关研究。

（一）公共服务供给能力的绩效测量

目前来看，对公共服务供给能力的绩效测量包含两个层面的问题：其一是公共服务供给能力的"效率"；其二是测量公共服务供给能力的"价值"。

公共管理研究者和实践者都十分强调公共服务供给能力对政府绩效影响。最近已有越来越多的文献强调供给能力在实现组织绩效方面不可或缺的作用。布朗认为，将对公民满意度调查的回应等同于"客户"风险会曲解和误导了管理决策的制定。实际上，对公共服务质量的衡量是建立在公民与公共服务是否有直接或间接关系的基础上。因此，考虑到公共服务与公众需求度的关联程度，能否提供有效的公共服务，或者说，具备能够提供公众所需要的公共服务供给能力会直接影响公众满意度。由此，布朗指出，与高质量服务提供者的互动更容易导致服务接受者的较高的可选服务评价，而享受劣质公共服务互动的公民更容易报告强制服务的低评价。①

对公共服务供给能力的评估还涉及公共服务价值观的测量，也就是说，公共服务供给有价值么？或者说，公共服务供给主体在提供公共服务时所秉持的价值观是什么？价值观会影响公共服务的后续供给么？魏茨曼与沃特斯通过实证研究测量了公共服务的价值以及公共服务的价值对公务人员做出决策的影响。魏茨曼与沃特斯运用"施瓦茨特征量表"（Schwartz Portrait）测量了公共服务的价值观，研究发现：(1)公共服务价值观与个体的公共服务角色密切相关；(2)采用"施瓦茨特征量表"中的省略值，可用来预测特定公共服务决策背景下的调查对象所做决定的公共价值。②

（二）影响公共服务供给能力的重要因素

目前来看，国外学者认为，影响公共服务供给能力的要素主要包括几个部分：外部环境因素、制度因素、技术因素。

就外部环境因素来说，不同的社会经济与政治体制环境会影响政府的公共服务供给能力。一般而言，成功的合作型

---

① Trevor Brown, "Coercion versus Choice: Citizen Evaluations of Public Service Quality across Methods of Consumption", *Public Administration Review*, 67 (3), 2007, p. 559.

② Eva Witesman and Lawrence Walters, "Public Service Values: A New Approach to the Study of Motivation in the Public Sphere", *Public Administration*, 92 (2), 2014, pp. 375-405.

服务传递要求政府具备更好的公共服务供给能力来处理潜在的隐患。敬乂嘉与萨瓦斯提供了一个比较框架,用以对比中美两个国家通过合作型服务传递网络实现公共服务供给的管理实践所蕴含的理论价值。作者指出,中国和美国两个国家的截然不同的公共服务系统,嵌入截然不同的社会经济和政治体制环境中,对两国的协作性公共服务传递管理的有效性具有直接的影响。①

制度因素对公共服务供给能力绩效的解释被认为具有关键要素。安德鲁和伯尼认为,管理能力是实现公共服务改善的关键要素。② 由这一假设出发,作者通过分析英语地区地方政府绩效中的管理能力和组织领导能力进行了验证,同时控制其他变量,如组织规模、资源、外部约束和过去绩效等,对管理能力对公共服务供给能力绩效的影响进行了实证研究。结果表明,公共服务供给能力与地方政府绩效显著相关,领导力可以增强有效的管理制度的影响。

关于公共服务供给能力的技术因素相关研究,有非常多的研究焦点关注于公共服务动机问题。公共服务供给主要由公务人员依据政策具体实施,因此,个体的公共服务动机对公共服务供给能力的高低有重要影响。具体而言,公务人员

---

① Yijia Jing and E. S. Savas, "Managing Collaborative Service Delivery: Comparing China and the United States", *Public Administration Review*, 69 (s), 2009, p. 102.

② Rhys Andrews and George A. Boyne, "Capacity, Leadership, and Organizational Performance: Testing the Black Box Model of Public Management", *Public Administration Review*, 70 (3), 2010, p. 443.

所处的政策环境对公共服务动机（PSM）产生影响。西蒙、艾瑞克与大卫指出，在不同的政策领域和政策周期的不同阶段，公共雇员的公共服务动机主要由四个因素（同情、公众利益、自我牺牲和政治承诺）构成。① 随着公共服务动力研究的定性和定量研究不断增多，一些学者开始质疑公共服务动机模型的国际适用性。金与凡德纳比对此开展了国际比较研究，他们通过研究国际公共服务的动机的共性方面，确立了一个更具广泛性的概念框架和更具有操作性的定义，并以此为基础构建了一个普适性更高的公共服务动机结构理论模型。该模型将公共服务动机结构细化为吸引公众参与、承认公共价值观、同情以及自我牺牲。②

格里德勒与希尔德布兰认为③：有效的政府绩效是以市场为导向的经济、安全、高效的人口和民主的政治制度发展的核心。因此，用于提高公共部门绩效的公共服务供给能力建设是发展举措的关键要素。他们从制度层面与技术层面建构了公共服务供给能力的四个假设。

制度层面的假设：

H1：组织或培训活动是公共服务供给能力建设措施的逻

---

① Simon Anderfuhren-Biget, Frédéric Varone and David Giauque, "Policy Environment and Public Sevice Motivation", *Public Administration*, 92（4），2014, pp. 807-825.

② Sangmook Kim and Wouter Vandenabeele, "A Strategy for Building Public Service Motivation Research Internationally", *Public Administration Review*, 70（5），2010, pp. 701-709.

③ M. S. Grindle and M. E. Hilderbrand, "Building Sustainable Capacity in the Public Sector: What Can Be Done?", *Public Administration & Development*, 15（5），1995, pp. 441-463.

辑起点。

H2：当行政结构和控制机制设计较为完善时，公共组织能够达到提供足够公共服务的能力。

技术层面的假设：

H3：公共组织的行政结构和激励结构影响组织和个人在提供公共服务时的行为。

H4：公共组织中的个人表现提升是培训中技能和技术转移的结果。

这些假设被应用于六个发展中国家进行验证。研究结果表明，有效的公共部门绩效往往更易被深厚的组织文化、良好的管理实践，以及有效的沟通网络所驱动。个人绩效更易被有意义的工作机会、共享专业规范、团队合作和基于绩效的升迁所影响。

（三）公共服务供给能力的类型

一般来说，对于公共服务供给能力应该包括哪些具体的类型及结构构成，国外诸多研究并没有从一个统合的概念上予以明确界定，而多是从具体领域和范围来描述公共服务供给能力的类型与结构构成。目前来看，合同制管理、治理网络、公私伙伴关系、领导能力与协调能力被认为是公共服务供给能力的主要类型。

1. 合同制管理

合同外包已经成为流行的公共服务提供策略。但是目前不能确定政府是否或者如何取得合同外包绩效，也就是说，政府通过合同外包能够实现有效的公共服务供给绩效吗？越来越多的文献开始强调政府合同外包能力的重要性。但是，很少有研究能实证地评估合同外包能力与合同绩效之间的关系。杨开锋、谢俊义及李宗勋认为，合同外包能力包括四种类型，即议程设置、合同制定、合同执行以及合同评估，这四者与成本、效率与质量等三个绩效维度相关。① 同时，有效的公共服务供给绩效还有赖于足够的内部管理能力。② 但是，合同外包的批评者认为政府在合同外包时，会降低自身的服务生产和管理服务传递的能力。为解决上述问题，布朗和波多斯基认为，可以将所提供的服务分解为服务生产和服务管理两个部分。当政府外包服务生产时，可以选择一部分的服务供给管理进行外包，当进行公共服务外包时，政府可以"购买"管理活动。③

2. 治理网络

网络是公共服务供给与传递的一种重要类型。治理网络

---

① Kaifeng Yang, JunYi Hsieh and TzungShiun Li, "Contracting Capacity and Perceived Contracting Performance: Nonlinear Effects and the Role of Time", *Public Administration Review*, 69 (4), 2009, p. 696.

② M. Ernita Joaquin and Thomas J. Greitens, "Contract Management Capacity Breakdown? An Analysis of U. S. Local Governments", *Public Administration Review*, 72 (6), 2012, p. 807.

③ Trevor Brown and Matt Potoski, "Contracting for Management: Assessing Management Capacity under Alternative Service Delivery Arrangements", *Journal of Policy Analysis and Management*, 25 (2), 2006, pp. 323-346.

如何运作以及取得何种成果,是考察公共服务供给能力的间接参照。梅纳海姆和斯坦研究了治理网络运作过程的类型划分,将网络中公共参与者的能力按照从低到高划分为四种类型,即选择非公有制合作者、确定目标网络、运用专业的自由裁量权以及招募新资源。研究发现,治理网络能力的差异在于公共服务供给与传递如何消弭城市间的不平等。①

3. 公私伙伴关系

公私伙伴关系主要适用于基础设施领域内的公共服务供给。一般来说,基础设施具有投资规模大、投资周期长、收益偏低等特点,而公共资金的缺乏和公共服务供给效率的低下促进了刺激私人部门将它们的意愿投向公共产品和公共服务的可能,但是私营部门的参与也产生了一系列新的挑战。比如私人部门的焦点在于投资的短期回报而不是长远回报,因此私人部门的潜在优势被人们对此的担忧所抵消。库佩简与英瑟林克在对私人部门参与城市基础设施项目相关文献进行回顾的基础上,提出了帮助或阻碍私人部门参与城市基础设施项目目标的治理意义。②

---

① Gila Menahem and Rona Stein, "High-capacity and Low-capacity Governance Networks in Welfare Services Delivery: A Typical and Empirical Examination of the Case of Israeli Municipalities", *Public Administration*, 91 (1), 2013, pp. 211-231.

② J. F. M. Koppenjan and B. Enserink, "Public-Private Partnerships in Urban Infrastructures: Reconciling Private Sector Participation and Sustainability", *Public Administration Review*, 69 (2), 2009, pp. 284-296.

4. 领导能力与协调能力

在过去十年中,"领导"已经成为公共服务提供中的口号,尤其是在看似无处不在的公共服务"传递与供给"中。由于领导风格随着当代公共服务环境的变化而变化,让服务提供者听取服务用户的表达已成为一种必然。西蒙斯讨论了领导和倾听之间的关系,指出在公共服务中的"聆听鸿沟",并进而指出如何更好地理解并逐渐消除这一鸿沟。[①]

协调能力可以说是公共部门组织成功还是失败的关键因素。然而,越来越多的证据表明,很少有系统性分析研究组织的协调能力与公共服务绩效之间的关系的相关研究。组织协调能力的好坏会导致公共服务绩效的好坏吗?安德鲁和伯尼为回答这一问题,运用回归分析测量了英国地方政府的效果、成本收益以及公平程度。研究发现,组织协调能力与绩效之间是非线性的、倒 U 型关系。[②] 研究结果表明了高层管理者面临着组织目标与达到恰当协调能力水平的权衡。

就公共服务供给能力的宏观建构来说,构建新的行政能力是应对这些治理难题的不二选择。对于如何从宏观层面改善公共服务供给能力,阿里·法拉兹曼得提出如下建议:第一,建议提高公共服务和行政机构应对当前危机的能力;第

[①] R. Simmons, "Leadership and Listening: The Reception of User Voice in Today's Public Services", *Social Policy & Administration*, 45 (5), 2011, pp. 539-568.

[②] Rhys Andrews and George Boyne , "Corporate Capacity and Public Service Performance", *Public Administration*, 89 (3), 2011, pp. 894-908.

二,增强能力的宏观策略;第三,加强治理、工具主义和行政能力的具体改革。①

二、国内研究文献综述

公共服务的供给是政府职能之一。有效的公共服务供给往往被视为政府"善治"的表现,但谁来提供、以何种方式提供就成了各家争论的焦点所在。从理论到实践的历程中可以看到,公共服务的供给主体正在不断改变,传统的单纯依靠政府供给的单一供给方式,已经或正在被充分挖掘市场与社会力量共同参与的多元化供给方式所取代,而且多元化的供给方式在不同国家也正在朝不同的方向发展。

国内学者在全面梳理公共服务供给现状的基础上,对其提供机制和方式等问题进行了分析。许晓龙通过对CNKI中关于公共服务文章的检索发现,2002—2012年,篇名包括"公共服务"一词的论文有7100篇,篇名包含"公共服务供给"的论文有338篇。包含"公共服务市场化"的论文有196篇,篇名包含"公共服务社会化"的论文有34篇,篇名中包含"公共服务多元化"的论文有10篇。通过中国期刊网优秀博硕论文数据库的检索,2002—2012年,题名包含"公共服

---

① Ali Farazmand, "Building Administrative Capacity for the Age of Rapid Globalization: A Modest Prescription for the Twenty-First Century", *Public Administration Review*, 69 (6), 2009, p. 1007.

务"和"公共服务供给"的硕博论文共 1016 篇。① 这显示出学术界越来越重视对公共服务相关领域的研究。虽有如此众多的关于公共服务的文章,但"公共服务供给"方面的专著极少。

(一)公共服务供给主体结构研究

1. 政府主导

国内学者对于政府提供公共服务这一议题,多是从履行公共管理职能、建设服务型政府、完善公共服务体制等角度谈论政府在供给中的主导作用。从服务型政府方面来看,李军鹏认为公共服务型政府有这样的特征:(1)政府的主要职责是实现和保障社会公正;(2)政府的作用集中于公共服务;(3)政府代表着公共利益;(4)政府权力有限;(5)法治政府。公共服务型政府就是满足社会公共需求,提供充足的公共产品和公共服务的现代政府就是服务型政府。② 廖晓明、黄毅峰则是从公共服务供给体制角度来谈,他认为政府公共服务体制的创新主要影响因子有现代公共服务理念、公务员素质和服务能力等因素。政府必须掌握公共服务供给的规划决策权,做好公共服务供给的宏观调控,要加强审查、监督、

---

① 许晓龙:《公共服务供给机制:一个研究综述》,《山东省农业管理干部学院学报》2013 年第 1 期。

② 李军鹏:《公共服务型政府》,北京大学出版社 2004 年版,第 53 页。

绩效评估。① 杨雪冬则从职能角度谈及政府提供公共服务的问题。他指出：改善公共服务，需从两方面入手，一是社会取向，提高社会经济文化诸领域的自治能力，鼓励它们承担、参与和监督公共事务管理；二是政府取向，即通过提高政府自身的公共管理能力，及时有效地回应社会需求。②

金晓伟谈到公共产品供给时，选择了农村这一领域来研究，从政府供给制度来谈此问题。他指出，农村公共服务供给中存在的主要矛盾是供给严重不足与供给过剩同时并存，这一结构性矛盾的存在有其深刻的制度根源，解决其供求失衡的关键在于构建基于需求导向的农村公共服务供给机制，以求最终达成农村公共服务的供求均衡，实现农村经济社会的可持续发展。③ 徐勇、项继权也是从农村公共服务供给来谈，分析了国家治理战略与农村公共服务供给机制的嬗变，通过历史考察认为，农村公共服务供给与管理服从服务于国家的治理战略，农村公共服务供给机制受制于国家治理战略的制约与影响。④ 从完善公共服务体制的角度出发，刘厚金分析了政府在公共服务供给中的主导作用，同时指出：在公

---

① 廖晓明、黄毅峰：《论我国政府在公共服务供给保障中的主导地位》，《南昌大学学报（人文社会科学版）》2005 年第 1 期。

② 杨雪冬：《改善公共服务的两个方向》，《学习时报》2007 年 7 月 16 日。

③ 金晓伟：《构建需求导向的农村公共产品供给机制》，《农村经济》2007 年第 11 期。

④ 徐勇、项继权：《公民国家的构建与农村公共物品的供给》，《华中师范大学学报（人文社会科学版）》2006 年第 2 期。

共服务体制运作的过程中，政府是责无旁贷的主导者，国家必须从构建公共服务的制度环境、建立公共财政体制、推行公共服务均等化等方面完善公共服务体制，让生活在其中的公民获得基本的依赖感、可靠感和安全感。①

2. 市场供给

市场供给论的主要理论来源于西方，诸如公共选择理论、产权理论、委托代理理论等，西方的实践活动也给发展中国家带来了新的思想波澜，如在萨瓦斯的民营化观念下的相关运动，还有以奥斯本等为政府顾问的美国改革政府运动，英国的私有化改革等。国内在吸收西方相关理论的同时，主要从公共服务市场化的内涵、公共服务市场化改革的方式、市场化优劣和路径选择、政府职能转变等方面对市场提供公共物品和服务进行了研究。

就公共服务市场化的保证与原则而言，李艳霞提出公共服务市场化的条件：一是成熟化的市场经济，二是民主化的公共决策，三为政府行为法制化，四是成熟有效的技术支持；同时在实践中坚持公平、服务和多中心原则。② 句华从公共服务市场化的含义出发，做了如下表述：一为理念认同；二为市场价值的肯定；三是市场纪律及激励的约束；四是市场

---

① 刘厚金：《我国政府公共服务的体制分析及其路径选择》，《上海行政学院学报》2011年第2期。

② 李艳霞：《浅析公共服务市场化的保证与原则》，《学术交流》2003年第1期。

机制的引入；五是市场技能的借鉴；六是市场主体的介入；七是市场资源的利用。① 李向京、廖进中及赖明勇则从理论渊源处寻得支撑点，认为公共选择理论、委托—代理理论、产权理论为公共服务市场化提供了理论依据，找到了公共服务市场化的路径。他们指出，推动公共服务市场化，要寻找合理的途径将公共企业成功出售、要充分发挥竞争机制和激励机制的作用。② 参照西方的市场化、民营化运动，邵峰指出了公共服务市场化改革的几种方式：部分国有事业私有化、业务合同出租、公共服务社区化、建立公私伙伴关系、服务承诺制、引入价格机制、使用者付费制度、内部合同式管理等。③ 童伟则希望效仿西方实践，通过合同出租、业务分担、共同生产或解除管制等方式转交给私营公司或者其他社会法人团体，由这些团体按照"成本—效益"最优方式为公民提供公共服务，将购买者与生产者分离。④ 蒋云根从我国公共服务市场化面临的种种困难（制度安排缺失、社会整合乏力、思想观念滞后等）出发，指出应该完善市场化制度建构，发

---

① 句华：《公共服务市场化的内涵和动因》，《社会科学战线》2003年第3期。

② 李向京、廖进中、赖明勇：《经济全球化趋势下我国公共服务"市场化"需求分析》，《求实》2006年第6期。

③ 邵峰：《公共服务市场化的国际比较及启示》，《深圳大学学报（人文社会科学版）》2005年第1期。

④ 童伟：《从市场检验到政府职能转变——北京市公共服务供给模式改革分析》，《中央财经大学学报》2007年第10期。

挥政府的主导作用。①

3. 非营利组织参与公共服务的供给

公共服务社会化供给论早期研究认为，非营利组织参与社区公共服务供给的主要方式有：志愿服务、无偿捐助及不以营利为目的的收费服务。然而，这些方式一直受非营利组织的生存压力、政府与非营利组织之间的权力制衡和市场活动的冲击所困扰。在我国现阶段，非营利组织在参与社区公共服务供给时除了独立运作外，还会寻求与多方主体合作，如政府、企业等。基于对国内有关非营利组织参与社区公共服务供给方式的现有文献进行整理，将其供给方式分为三种：非营利组织与政府合作、与企业合作、独立供给。

类型一：非营利组织与政府合作供给

关于非营利组织在参与社区公共服务供给过程中与政府合作供给的方式，主要有以下几种：（1）公共服务社区化。贾先文认为，应以社区为平台，利用社区社会资本，通过社区居民广泛参与，构建以社区为中心、各个流程首尾呼应多元化参与的农村公共服务社区化运作机制，不断回应居民的需求，减少交易成本、提高供给效率。②（2）非营利组织与政府签订承包合同。龙献忠提出了项目支持体系，即以政府

---

① 蒋云根：《提升基层政府公共服务供给能力的路径思考》，《甘肃行政学院学报》2006 年第 3 期。

② 贾先文：《农村公共服务社区化运作机制的构建》，《现代经济探讨》2012 年第 3 期。

采购制度为基础,把政府的项目通过招标的方式,交给非营利组织去执行,政府购买非营利组织的服务。政府通过招标签订承包合同以实现在某一公共服务领域的相互合作。①
(3)公共服务的凭单制。王莹莹等人谈到了这一点,政府部门给有关消费者发放某种服务的服务券,消费者凭服务券到相关的非营利组织处进行消费,然后政府用现金收回服务券。其目的是让有关部门为争取消费者手中的服务券而展开竞争,通过给消费者"用脚投票"的机会,促进公共服务水平和质量的提高。使用凭单制的公共服务的成本都是由政府来承担,非营利组织只是负责生产服务。②

类型二:非营利组织与企业合作供给

关于这个领域,国内学者多是引用国外学者的观点,如引用赫兹琳杰《非营利组织管理》一书中的观点,归纳了非营利组织与营利性企业建立协作关系来从事公益事业的四种形式:(1)核发许可证;(2)与交易关联的公益推广活动;(3)共同主题营销;(4)企业对非营利组织进行公益性捐赠。

类型三:非营利组织独立供给

要维持机构自身独立运作,就需要有自身的资金来源,因此,非营利组织往往通过收会费、服务收费、接受私人捐赠等形式筹集资金,依靠自身力量提供各种形式的公共事务,

---

① 龙献忠:《论政府与非营利组织合作伙伴关系的构建》,《湖南大学学报》2011年第2期。

② 王莹莹、万斯佳:《凭单制在我国低保养老服务中的运用分析》,《中国经贸导刊》2009年第17期。

丁元竹指出，我国仅有 3.7% 的组织供给是完全有偿的服务，有 39.5% 的组织提供一定补偿的服务项目（来补偿经费不足），其余非营利组织参与几乎是无偿供给。①

4. 多元化供给主体形成的合作网络

公共服务供给的市场化与社会化实际上都隐含着供给主体的多元化，单一供给主体无法解决所有问题。对于供给主体多元化的研究，当前的重点在于多元供给主体之间分工与合作的关系。对多元供给主体的研究，主要有下几种观点：

一是以界定政府责任边界为前提，将政府责任界在纠正市场失灵、维护社会公平的公共服务领域内。但政府可以在组织、监管、协调的前提下吸引、利用其他供给主体共同参与公共服务的供给，比如可以利用命令、企业化、社会化、市场化等方式，以政府为主其他供给主体为辅来共同供给公共服务。

二是以对供给主体性质与公共服务性质的分析为基础，特定性质的公共服务与特定供给机制相匹配，从而实现公共服务供给效率达到最优。政府可以提供普遍义务性服务，市场可以提供差异性服务，而社会力量则可以提供公益性与志愿性服务。

当前，多元供给主体之间合作关系呈现出网络状。对合作网络的认识主要集中于两点：一是对合作网络重要性的论

---

① 丁元竹：《非政府公共部门与公共服务》，中国经济出版社 2004 年版，第 113 页。

述，认为供给主体之间的合作网络已经成为公共服务传递的普遍机制。二是对公共服务供给网络化特征的分析以及对供给网络的构建与治理的探讨，基本认同供给网络是主体之间基于合作、交易与互惠的目的而建立起来的长期的合作关系，这种关系在各主体之间的互动中不断演变。至于合作网络的构建，有人认为，政府在公共服务中垄断了权威与资源配置权，可以利用自上而下的命令与自下而上的互动形成网络。这种网络的治理，一是靠权威，二是靠协商合作实现共同治理。从本质上讲，对公共服务供给主体之间分工与合作关系的研究并不是在探索一种新的供给模式，而是在寻找多元供给主体之间新型的互动秩序。这种互动秩序表明：第一，各供给主体之间权力的分立与共享重新调整了主体的权属关系，使供给主体之间的界限发生了变化。第二，网络的形成使得各主体之间的互动反映了协商、沟通与建立伙伴关系的重要性，合作网络的存在和发展依赖于资源的共有、共享与共治。第三，分工与合作促进了社会与组织自治的形成和发展。

（二）公共服务供给能力的理论建构探讨

马庆珏、李军鹏等学者从公共服务本身的性质、供给范围和政府职能等不同的角度给出了不同的定义。其中，马庆珏将公共服务定义为由法律授权的政府和非政府公共组织以及有关工商企业在纯粹公共物品、混合性公共物品以及特殊私人物品的生产和供给中所承担的职责。关于公共服务的分类，有不同的标准和价值取向。李军鹏对公共服务的概念作了新的解释，"根据公共服务的水平，可以将公共服务分为基本公共服务和非基本公共服务两类"。公共服务作为政府的职能，主要是为公民提供公共产品及服务。政府是公共服务供给的主体，具有权威地位。公共服务有其自身的属性，公民享有公共服务的权力。① 娄成武、尹涛则认为，公共服务是公共产品的一个方面，只是供给形式不同，主要是从经济学领域对其进行特征分析。②

公共服务的理论建构是众多学者关注的热点。学者陈振明率先提出公共服务的理论化问题。他引入了西方公共服务理论，并将西方理论运用到我国行政管理体制改革的实践中。③ 张立荣以区域、省份、层级、性别、学历、职位及政治面貌作为控制变量，从对服务型政府的认识、政府价值取向、政府职能、府际关系、公共财政、公共服务需求、公共服务决策、公共服务供给、公共服务监督、公共服务绩效评估等层面分析我国公共服务体系的现状及公众对公共服务需求的程度。④ 姜晓萍总结了改革开放以来中国公共服务发展的成就，指出了其存在的问题，并对其体制、机制障碍进行了剖

---

① 李军鹏：《公共服务型政府》，北京大学出版社2004年版，第53页。
② 娄成武、尹涛：《论政府在公共服务民营化中的作用》，《东北大学学报》2003年第5期。
③ 陈振明：《公共服务导论》，北京大学出版社2011年版，第1—8页。
④ 张立荣：《当代中国服务型政府及公共服务体系建设状况问卷调查数据统计与展示》，中国社会科学出版社2010年版，第13—16页。

析，在此基础上提出了深化公共服务体制改革，加快公共财政体制改革，完善城乡公共服务体系，提升公共服务绩效，创新公共服务供给方式，构建多元主体协同治理格局等对策建议。① 中国地方政府职能在经历转型期的职能转变后，将进入一个弱化经济职能，把建设、经营和管制地方性基础设施等公共服务性职能作为主要职能的新阶段。学者们对当前地方政府公共服务职能的内容、实现模式及目标等方面都做了比较深入的研究，一致认为地方政府目前应不断强化公共服务职能。刘熙瑞等提出了"服务型政府"的理念，服务型政府是在以人为本的科学发展观指导之下的，即在国家法定程序规划之下的，按照人民的意志建立起来的，本着为人民服务的伟大宗旨的责任型政府。由此可见，政府由管制型向公共服务型转变是我国社会发展的必然趋势。②

（三）公共服务供给机制研究

关于公共服务供给机制，主要存在三种：政府供给、市场供给及第三部门供给。第一种情况在发展中国家比较普遍。在西方发达国家，由于公民社会化程度较高，公共服务多由社会自治组织来提供，公共服务职能也是政府的主要和首要职能。国内学者关于公共服务供给机制的研究重点集中在对

---

① 姜晓萍：《中国公共服务体制改革30年》，《中国行政管理》2008年第12期。
② 刘熙瑞、段龙飞：《服务型政府：本质及其理论基础》，《国家行政学院学报》2004年第5期。

我国传统公共服务供给模式的批判和公共服务供给的市场化改革上，认为传统单一的公共服务供给模式不能满足社会需求，应构建一主多辅和多中心治理的公共服务供给模式。田永贤主要从理论上探讨了构建我国公共服务供给的组织间合作网络模式的可行性。① 李砚忠重点就多重竞争模式与我国公共服务体制改革的路径进行了探讨，认为我国的公共服务体制改革要实现政府和社会间的非零和博弈，就必须大力发展政府以外的公共服务主体，实现一种形式多样、和谐竞争的多重供给局面。② 陈振明教授提出了公共服务的合作机制。他指出，随着理论的发展，实践过程中出现的政府失灵现象及市场失灵现象已经影响到了公共服务的有效供给，不能单靠一个主体的力量，这不仅会造成公共服务供给方面的失衡问题，也会导致政府公信力的丧失。随着西方治理理论的发展，公共服务供给合作化模式成为大趋势，各个供给主体各有优势也各有缺点，只要发挥其各自作用，形成多元主体合作供给模式，就不仅可以解决目前公共服务供给中存在的问题，也能有效提高公共服务供给效率。③

随着人们利益需求的多样化，地方政府的公共服务能力受到了现实的严峻考验。学者们虽然对如何加强地方政府公

---

① 田永贤：《公共服务供给的组织间合作网络》，《东南学术》2008 年第 1 期。
② 李砚忠：《关于我国公共服务市场化若干问题的分析》，《社会科学》2007 年第 8 期。
③ 陈振明：《社会管理机制的创新与公共服务的有效提供》，《东南学术》2008 年第 3 期。

共服务能力建设方面有不同的观点,但都主张利用社会和市场力量提高公共服务的供给效率,具体举措包括:政府业务合同出租、以私补公,打破政府垄断、建立政府与私营部门的伙伴关系及公共服务社区化(鼓励各社区建立公益事业,如养老院、残疾人福利中心等,政府机构如社会工作部门出面组织邻里互助、街道联防等,以改进社会服务或控制犯罪活动)。此外,地方政府还应积极培育非政府组织和社会自治组织,加强监管、完善公共财政体制及绩效管理体制,全方位提高地方政府的公共服务能力建设。

(四)地方政府公共服务供给能力的具体领域研究

1. 农村社会保障层面的地方政府公共服务供给能力研究

目前国内学者关于农村社会保障的研究较多,尤其是2007年我国在全国范围内试点农村低保制度后,关于不同角度农村社会保障的研究涌现出来。根据对大量期刊、著作、相关硕博论文的梳理,研究发现:关于当前我国农村社会保障体系构建和社会保障制度建设的研究较多,而且从内容上看,大都是围绕如何建立和完善农村居民最低生活保障、农村养老保险和新型农村合作医疗三项制度展开的。在农村社会保障体系中,关于农村养老保险的研究最多,而且形成的理论成果相对较深入、丰富。从研究角度看,既有基于国外经验启示的视角,又有基于农村实地局部区域调查视角的研究；既有针对全国范围宏观农村社会保障制度的研究，又有局部省区、市县区域微观领域农村社会保障问题的探索。从研究方法上看，既有实证分析，又有规范分析，以实证分析居多。

刘书鹤认为，农村社会保障发展滞后的根本原因是政府财政支出方面的失误。① 杜瑞涛等认为，"公共财政制度的建立意味着公共支出由重视经济领域转向社会公共服务尤其是对教育、公共卫生和社会保障的支出；公共财政制度的建立，将为农村提供更多的公共物品，将为农村社会保障制度的建设提供一定的财力支持"②。翁晓松研究认为，我国政府，尤其是中央政府必须增加公共财政对新农合的投入，这是政府义不容辞的责任，也任重而道远。③ 魏薇认为国家财政对社会保障支出水平低，对农村社会保障投入更显不足。④ 邵华杰指出"农村低保制度作为满足农民最低生活需求的公共产品，不仅是维护农民作为公民应当享有的生存权利的需要，也是政府应当承担的义务"⑤。"只要政府财政投入，在农村

---

① 刘书鹤：《农村社会保障的若干问题》，《人口研究》2001年第5期。

② 杜瑞涛：《城乡社会保障制度衔接的制约因素与政策措施》，《河北大学成人教育学院学报》2008年第3期。

③ 翁晓松：《福建新型农村合作医疗的路径选择》，《发展研究》2008年第3期。

④ 魏薇：《关于农村社会保障中制度中资金问题》，《江苏社会科学》2007年第1期。

⑤ 邵华杰：《建立农村最低生活保障制度》，《合作经济与科技》2008年第1期。

第二章 研究综述

建立起医疗方面的基本保障是可以且必需的。"① 农民对整个国家经济发展所做贡献与社会保障在农村的缺失是极不相称的,因此,政府必须要有所作为,尽快完善农民的社会保障,实现与城镇居民一样的国民待遇。② 钱亚仙分析认为,在现行干部任命考核机制下,基层干部由上级任命,干部考核重视经济发展、财政收入、招商引资等经济指标,忽视农村社会保障问题等社会指标,因而,现在地方政府缺乏建立农村社会保障制度的动力,没有把规范和提高社保待遇看作自己的责任和百姓的权利。③ 卞燕认为在建立和完善农村社会保障体系过程中,必须加大公共财政的支持力度,并注意处理收与支、缺位和越位、受益与效益的关系。④ 杜广庆等针对当前我国农村社会保障的现状,指出了基层政府在农村社会保障制度建设中的职责:通过宣传,增强农民保障意识;发展农村经济,增加农民收入;发展区域经济,加大财力支持;进行制度与机构创新;加强农村社保基金的管理。⑤ 郑军等对经济增长方式通过影响GDP收入分配比重大小,对农村社

---

① 李雪:《试论社会保障模式选择》,《科协论坛》2007年第12期。
② 徐通:《试论政府在农村养老保险制度中的责任》,《黑河学刊》2008年第3期。
③ 钱亚仙:《地方政府在农村社会保障中的责任探讨》,《青岛行政学院学报》2008年第4期。
④ 卞燕:《农村社会保障水平的关键因素及相关指标探析》,《东疆学刊》2007年第4期。
⑤ 杜广庆:《基层政府在农村社会保障制度建设中的职能定位》,《安徽农业科学》2007年第31期。

会保障制度建设过程中政府财政责任大小的作用机制进行了分析，指出粗放型经济增长方式必然导致政府财政责任在农村社保建设中的缺位，而集约型增长方式有助于政府财政责任在农村社保建设中的回归。并通过经济增长方式对政府财政责任影响的国际比较分析，指出我国在经济增长方式转变过程中，对农村社会保障制度建设所承担的财政责任必然会逐渐增大。① 于凌云等通过预测分析认为，我国从 2010 年开始通过政府财政支持全面落实覆盖全国的农村社会保障制度不会对国家财政造成额外的经济负担。总的来说，以上学者都认为政府财政在我国农村社会保障体系建设中担负着极其重要的职责。②

2. 农村基础教育层面的地方政府公共服务供给能力研究

近年来，对中国农村基础教育研究很多，大多文献集中在"以县为主"的教育管理体制、税费改革等方面，从经济学、教育学等层面进行分析研究，认为是制度安排的不合理导致了农村基础教育问题的出现。

胡延品从政府权力的配置上探讨农村教育供给问题的症结。胡延品认为各级政府间财权与事权划分不对称对当前义务教育投资体制产生了影响：一方面事权沉重、收入来源不

---

① 郑军：《经济增长方式对农村社会保障中财政责任的影响分析》，《财会研究》2008 年第 17 期。

② 于凌云：《农村社会保障及政府承担力的一个基本判断》，《广东金融学院学报》2008 年第 3 期。

足和财力弱化的县级政府,对义务教育投资随意化。另一方面也致使农村义务教育经费投入短缺问题得不到缓解。① 王献玲也持相似观点,认为县级财政状况如此不佳,却要承担农村基础教育投入的重任;而中央和省级政府掌握了国家主要财力,但基本摆脱了义务教育经费的责任,这种政府间财力与义务教育事权责任的不对称,是农村基础教育经费短缺的重要制度原因。②

郭建如等学者则从制度经济学的视角分析了税费改革后义务教育财政体制存在问题的根源。郭建如认为农村税费改革启动后逐步免除农业税,这一惠农政策本意是减轻农民在基础教育支出上的经济负担,但实践中却引起了农村义务教育财政体制问题的爆发。姜立刚③也同样认为,在农村税费改革过程中,由于乡镇的财力大减,义务教育的资金缺口更大,于是出现了一个两难选择:要减轻农民负担,就要取消教育集资,但真若如此则使义务教育经费来源不足,难以维持正常的教育活动;但反之,农民的负担则难以减轻。郭建如认为现行的农村义务教育"以县为主"的体制,不能解决总量短缺的问题。④

---

① 胡延品:《政府财力分配与义务教育经费负担主体困境分析》,《教育与经济》2003 年第 4 期。

② 王献玲:《对我国农村基础教育投入的反思》,《教育探索》2006 年第 6 期。

③ 姜立刚:《对我国农村中小学教学边缘化问题的原因透视》,《吉林省教育学院学报》2007 年第 10 期。

④ 郭建如:《基础教育财政体制变革与农村义务教育发展研究制度分析的视角》,《社会科学战线》2003 年第 5 期。

张超通过构造关于财政分权与基础教育投入的固定效应模型和动态面板模型,并使用省级面板数据进行实证研究发现,财政收入分权和支出分权对基础教育的供给的影响模式迥异:支出分权有利于地区基础教育投入水平的提高,收入分权则对地区基础教育有显著的抑制作用。同时,模型还解释了经济发展水平和地区人口结构对基础教育投入的重要影响。①

成钢、萧今利用 BOCD 项目库中 1994—2001 年江西省县级面板数据进行实证检验,从财政分权与转移支付视角讨论了省内财政制度安排对基础教育供给的影响,发现省以下财政收入分权和支出分权不利于县级基础教育的投入,分权导致地方福利损失;转移支付总体影响不明显,但税收返还显著正向增加基础教育供给。由此得出的政策含义是对基础教育的供给应当实行适当的集权,省级政府应该成为基础教育最主要的教育财政责任承担者。通过上收基础教育事权,尽可能保证基础教育经费投入的稳定来源,减弱县区基层政府义务教育经费的短缺程度。有必要对财政转移支付制度进行一定系统的改革,增强地方财政收入的稳定性。②

3. 公共基础设施层面的地方政府供给能力研究

在我国,学术界对基础设施的研究起步较晚。改革开放

---

① 张超:《财政分权与基础教育供给关系研究》,《商业经济研究》2011 年第 4 期。

② 成钢、萧今:《省以下财政分权、转移支付与基础教育供给》,《教育与经济》2011 年第 1 期。

前，受计划经济体制的影响，政府基本上是全社会投资的唯一主体，但随着基础设施对我国国民经济瓶颈制约的加剧，我国学者开始关注基础设施的相关研究。国内学者对基础设施的研究始于 20 世纪 80 年代初期，国外关于基础设施的理论和实践开始逐步被我国学者所认识。

关于基础设施与政府干预的研究，王艳萍认为，在市场经济条件下，政府干预市场的范围应该定在"市场失灵"领域。政府干预的范围确定以后，需要进一步确定哪些公共物品或服务由财政提供，哪些由市场提供，衡量原则主要依成本和效率原则分析确定。对于高速公路、铁路、飞机场、港口等交通基础设施，她认为国外政府参股建设的经验值得我国借鉴。① 肖兴志指出，一方面要取消或彻底改造计划经济体制下的行政管理体制，另一方面是对有经济合理性的垄断性行业，建立比较完善的政府管制制度。他认为政府管制至少包括市场准入、价格、质量标准三项主要内容。② 秦虹就城市公用事业"为什么要市场化"进行了论述，并提出推行我国城市公用行业市场化的主要原因是"政府财政能力限制了市政公用事业的投资和发展"③。霍衍杰提出，我国政府应

---

① 王艳萍：《我国公共物品供给的低效率及对策分析》，《经济经纬》1996 年第 6 期。

② 肖兴志：《自然垄断产业规制改革模式研究》，《南京社会科学》2002 年第 12 期。

③ 秦虹：《市政公用事业改革为城市发展注入活力》，《城市发展研究》2003 年第 3 期。

该采取具体措施推进城市基础设施经营主体企业化，投资主体多元化，价格形成市场化和市场监管法制化。① 此外，中国（海南）改革发展研究院、国家发展和改革委员会宏观经济研究院、国务院发展研究中心、天则经济研究所等机构还对城市基础设施行业的体制改革、宏观政策、政府管制等相关问题进行了研究。

4.医疗卫生事业的地方政府公共服务供给能力研究

关于医疗卫生事业的供给研究，陈东、程建英利用随机生产边界模型的方法对2000—2009年我国31个省、自治区和直辖市的农村医疗卫生政府效率进行估算，结果发现，从全国情形看，随着我国各级政府对农村医疗卫生投入的增加，我国农村医疗卫生的整体供给效率也在逐年提高；从分地区情形看，东部地区农村医疗卫生的供给效率基本保持不变，而中西部地区的供给效率则随着投入的增加而递增；从分省份情形看，各省、自治区和直辖市农村医疗卫生的供给效率差别很大，东部和中部地区明显高于西部地区。究其原因，政府农村医疗卫生投入、经济发展水平和人力资本水平等因素会对我国农村医疗卫生的供给效率及其地区差异产生较为显著的影响。②

---

① 霍衍杰：《关于城市公用事业市场化产业化的思考》，《中国建设报》2003年3月11日第4版。

② 陈东、程建英：《我国农村医疗卫生的政府供给效率》，《山东大学学报》2011年第1期。

(五) 地方政府公共服务供给能力的影响因素研究

公共服务供给是受多种因素影响的，而其中，财政分权是一项基础性的制度安排，多数学者认为财政分权是导致我国公共服务不足的主要原因。

关于财政分权理论的研究最初是源于地方公共品供应，无论是传统的 TOM 理论还是第二代财政分权理论，它们一致认为财政分权的合理性在于公共服务供给的有效性，由于"用手投票"与"用脚投票"机制的存在，地方政府不仅拥有当地选民偏好和公共物品提供成本的信息优势，而且居民可以根据自己的偏好来选择不同的地方政府，这样就可以促使地方政府在提供公共服务方面展开有效竞争。但是，近年来，随着财政分权理论研究的深入，财政分权所导致的诸多负面影响引起了学术界的关注，尤其是在发展中国家，由于制度原因，财政分权对于公共服务的积极效应并没有得到实践回应。在我国的财政分权理论研究中，过去的研究基本集中于讨论分权是否有利于经济增长的议题，而最近几年来，财政分权与公共服务间的关系逐渐得到重视并就具体的公共服务项目展开研究。

乔宝云等分析了 1978 年以来的财政分权改革与中国小学义务教育供给，研究发现财政分权并没有增加小学义务教育的有效供给。① 刘长生等的研究结果表明提高财政分权度总体上有利于提高我国义务教育的提供效率，但区域之间存在较大差异。② 平新乔等考察了财政分权背景下财政激励对地方公共品的供给满足当地真实需要的敏感度的影响，认为财政分权的背景下财政激励导致了所谓公共支出的"偏差"，这样的偏差不仅出现在预算内支出结构和预算外支出结构之内，而且出现在预算内和预算外支出之间。③ 李齐云等使用1997—2006年中国省级面板数据检验财政分权和转移支付对中国公共卫生服务均等化的影响，发现财政分权加剧了地区间人均预算卫生经费支出和每万人拥有医院卫生院床位数的差距。④ 我国财政分权与公共服务间的促进或抑制关系主要在于激励合约安排，财政分权是一种制度性工具，可以限制政府部门获取和分配政策租金的权力，也会引发严重的无效地方政府竞争。从当前的研究来看，很多研究成果显示了财政分权的负面效应。周黎安认为分权使得地方政府为经济发展展开竞争⑤，其最终结果使得在公共服务供给上导致了群分效应与

---

① 乔宝云、范剑勇、冯兴元：《中国的财政分权与小学义务教育》，《中国社会科学》2005年第6期。

② 刘长生、郭小东、简玉峰：《财政分权与公共服务提供效率研究》，《上海财经大学学报》2008年第9期。

③ 平新乔、白洁：《中国财政分权与地方公共品的供给》，《财贸经济》2006年第2期。

④ 李齐云、刘小勇：《财政分权、转移支付与地区公共卫生服务均等化实证研究》，《山东大学学报（哲学社会科学版）》2010年第5期。

⑤ 周黎安：《晋升博弈中政府官员的激励与合作——兼论我国地方保护主义和重复建设长期存在的原因》，《经济研究》2004年第6期。

效率损失①。

肖建华采用实证分析方法，使用我国30个省、自治区和直辖市1994—2008年面板数据对财政分权与基本公共服务供给间关系进行分析发现，财政分权与居民公共服务间正向关系没有得到验证，这说明我国的财政分权仅是在支出形式上作了简单的处理，而没有建立与分权制相匹配的地方政府独立财权，地方上更多的支出只不过是从中央下移至地方政府。②

林万龙利用实地调研资料，对乡、县及省级以上财政对农村公共服务的供给能力进行了分析。研究结果表明，乡级财政主要维持乡镇行政机构的运转，县级财政保障了公共服务机构的运转并提供日常的公共服务需要，而农村中的公共服务则主要依赖于省级以上财政，农村公共服务供给能力的过度上移，不利于供给效率的提高。因此他认为，为了加强政府支持"三农"的力度，增加投入固然非常重要，适当增强省级以下政府的财权，提高省级以下财政支持"三农"的能力，也是非常重要的。③

安体富也认为公共服务供给不足在于财政体制上的问题，

---

① 王永钦、张晏、章元、陈钊、陆铭：《中国的大国发展道路——论分权式改革的得失》，《经济研究》2007年第1期。

② 肖建华：《财政分权与社会性公共服务供给》，《当代经济研究》2011年第8期。

③ 林万龙：《不同级层财政主体的农村公共服务供给能力分析》，《甘肃行政学院学报》2009年第1期。

即基层政府的财力与事权不相匹配。目前，我国大多数公共服务的事权由县乡两级基层财政来承担，如公共卫生、义务教育、社会保障和福利救济等支出都由基层财政负担。但从财权和财力来看，基层政府因为没有税收立法权，税源少而窄，其掌控的财政收入极为有限，因此转移支付无法真正做到位。①

官永彬基于中国转型时期财政分权与地方政府财政竞争的视角，研究地方政府间财政能力的区域差异进而探寻出公共服务供给差距的形成机制。中国式财政分权体制具有经济分权和政治集权的二元结构特征，赋予了地方政府特有的双重激励即财政激励和政治激励，共同促使地方政府推进本地区经济增长以获取潜在的经济利益和政治利益。当前，正是中国式分权体制提供的双重激励所诱发出的地方政府间的过度竞争，在转型中的中国引发了区域之间供给能力的差异进而导致公共服务供给的区域差距。从根本上化解上述问题，关键是变革激励与约束地方政府竞争行为的制度安排，其中最为重要的就是变革支撑中国式财政分权体制的基础制度，亦即重塑公共财政制度，建设公共服务型政府，构造以均等化为导向的转移支付制度等，提升经济欠发达地区的财政能力，从制度层面营造地方政府间协调有序的竞争秩序。②

---

① 安体富、任强：《公共服务均等化：理论问题与对策》，《财贸经济》2007年第8期。

② 管永彬：《分权体制下地方政府公共服务供给能力的区域差异分析》，《重庆师范大学学报》2010年第4期。

除了财政体制的影响,也有学者从其他角度分析了地方公共服务供给能力的制约因素。孙建、张永华从新制度经济学的角度出发,认为计划经济时期公共服务制度的惯性影响和现行公共服务制度的不完善共同造成了目前我国公共服务供给的低效率,主要体现在以下几个方面:法律制度不完善(实体法过于抽象、程序法不全面)、供给制度不健全(决策机制不健全、分工范围不明晰)、实施机制不完善(公共财政制度、评价制度、监督制度不健全)。①

丁远认为,除了我国财政制度存在很大的问题之外,我国目前现行的配套制度在理论上存在很大的缺漏,在实践过程中,也存在理论与实践不相符的现象。(1)我国地方政府在收集信息过程中存在很多的问题。一是政府收集信息存在不对称、不准确现象。二是公民参与渠道不通畅。(2)地方政府在服务生产过程中存在失灵现象。一是地方政府有扩大公共服务生产规模的倾向,但具有长期效益的公共服务生产不足。二是地方政府公共服务生产效率低下。(3)我国公共绩效评估制度存在一系列的问题:一是地方政府官员的认识不足,二是政府职能界定不清,三是公共绩效评估主体单一化,四是评估技术上的缺陷。②

---

① 孙健、张永华:《新制度经济学视角下的公共服务供给制度完善理路》,《西北师范大学学报》2012年第9期。

② 丁远:《论地方政府公共服务供给能力的制度完善》,《成都行政学院学报》2011年第6期。

（六）地方公共服务供给能力的改善路径研究

而对于如何提高公共服务供给水平，不同的学者也从不同的专业角度对其进行了深刻的研究。公共服务从经济学的角度而言即是公共产品，如李成威①、孙开②从经济学、财政学的角度研究如何对公共服务的需求进行衡量从而确定需提供的公共服务数量及质量。

我国其他学者大多数是从财政体制角度来研究如何实现公共服务的均等化和解决总量缺失问题。其中，傅道忠从财政的角度对公共服务的均等化问题进行了讨论，指出要最终实现基本公共服务均等化的目的，必须形成以公共服务为导向的财政支出结构。同时，要以基本公共服务的均等化为重点目标，以规范央地财政分配关系为条件，通过优化转移财政支付结构，加大其转移支付力度，创造公共服务参与主体多元化、丰富化的社会环境和条件。③

金人庆认为，财政必须积极发挥作用，做到实现名副其实的公共价值和有效承担其应有义务。一要调整财政支出方向与结构，使更多财政资金涌入公共服务所覆盖的范围。二要进一步理清中央和地方的关系，明确两者事权范围大小，

---

① 李成威：《公共产品的需求与供给——基于评价与激励理格的理论框架》，《财政研究》2005年第5期。
② 孙开：《在改革中寻找出路》，《中国财经报》2006年8月22日第6版。
③ 傅道忠：《实现基本公共服务均等化的财政思考》，《现代经济探讨》2007年第5期。

建立健全财权事权相对等的财税体制。三要完善省级以下地方政府的财政管理体制,增强直接与公共服务相对接的基层政府公共服务供给能力。四要是逐渐加大国家财政投资与国民经济占比规模,有效增强公共产品供给的经济能力。①

杨国栋认为,地方政府公共服务供给能力提升的核心前提是要实现地方政府职能重心的位移,切实将地方政府职能重心转移到公共服务上来,然后从地方政府自身和外在保障两个方面去寻找实践通道。政府自身方面包括:第一,引导、规范和发展有责任的市场主体,在政府与市场关系调整中提高地方政府公共服务供给能力。第二,培育公民社会,向"第三部门"和公民自治组织授权,在政府与社会关系重构中发展地方政府公共服务供给能力。第三,推行政务公开制度,在政府透明运作中展示地方政府公共服务供给能力。第四,创新公共服务绩效评估机制,在强化多元监督中检验地方政府公共服务供给能力。外部保障因素包括:公共财政体制的完善、公民社会的崛起和市场环境的成熟。②

三、简要述评

重视公共服务的发展和变革是当今世界各国公共管理治

---

① 金人庆:《完善公共财政制度逐步实现基本公服务均等化》,《求是》2006年第11期。

② 杨国栋:《论我国地方政府公共服务供给能力提升的行动逻辑》,《江西行政学院学报》2007年第7期。

理变革的一个普遍趋势,并与市场经济条件下政府职责的履行、公民权利的保障、社会公平的维护以及可持续发展的实现等许多社会经济现实问题的解决密切相关,进而成为衡量一个国家或地区发展水平和政府效能的重要尺度。强有力的地方政府公共服务供给能力,不仅是一个国家和地区经济社会发展水平的重要表现,也是衡量政府执政水平和政策取向的重要尺度。

地方政府公共服务供给能力是我国构建服务型政府所面临的新问题,国内学者对此的研究有三个方面值得关注:一是理论和体制探讨,二是现状和对策分析,三是以调查为基础的实证研究。

从第一方面来讲,学术界主要是从建设和谐社会与服务型政府的内涵、政府行政职能转变方面进行了宏观研究,比较重要的著作有李军鹏的《公共服务型政府》、吴玉宗的《服务型政府建设研究》、邱霈恩的《国家公务员公共服务能力》、陶勇的《农村公共产品供给与农民负担》等。此外,中国(海南)改革发展研究院近两年推出的《中国新农村建设:乡村治理与乡镇改革》《中国公共服务体制:中央与地方》《聚集中国公共服务体制》《基本公共服务均等化新农村建设之重》,也大大促进了公共服务能力研究。这些研究为政府公共服务供给能力的研究确定了目标和方向。

从第二个方面来看,研究者普遍指出我国地方政府,尤其是西部地方政府公共服务供给能力低下,公共服务供需矛盾突出,并从公共财政转移支付、事权与财权的配置、公共服务供给机制等方面提出了对策建议,代表性的论文有高新军的《从我国农村税费改革看乡镇政府公共产品的供给》、陈文科和吴春梅的《新农村建设中的公共服务供给体制转型问题》、杨国栋的《论我国地方政府公共服务供给能力提升的行动逻辑》、魏红英的《公共产品视角下县级政府服务能力建设路径探析》、谭兴中的《论提高西部地方政府公共服务能力》等。这些对政府公共服务供给能力的直接研究,为本书的讨论提供了理论与现实依据。

第三个方面是公共服务实证研究,具有代表性的是张钢、徐贤春在对浙江11个基层政府实地调研和比较的基础上,建构了基层政府公共服务能力评价指标体系,是国内基层政府公共服务能力实证研究的代表。

但是,当前地方政府公共服务供给能力的研究还存在一定的局限,其中较为突出的是偏重理论而实证不够。多数研究者仍较为关注宏观的公共服务理论与体制建构,对地方政府公共服务供给能力本身的认识有待明确化和系统化;有的对我国公共服务供给需求矛盾作了一般而宽泛的描述,缺乏对地方政府公共服务供给能力的构成和实现方式以及与外部环境关系做出具体考察;或者较为关注某一级地方政府在某些方面的公共服务供给能力,而缺乏以大量调查为基础展开的,对不同地区和不同层次地方政府公共服务供给能力的构成、供给方式及过程的比较研究。虽然浙江大学课题组在

2004年进行了关于"地方政府能力的评价与规划"的调查研究，但由于选择的地区和研究的侧重点在于评价地方政府能力和能力建设规划，对于地方政府的核心能力——公共服务供给能力涉及有限。从这一意义上讲，以实地调查为主要依据的西部地方政府公共服务供给能力的比较研究在我国才刚刚起步。

本书采取了以实地调研为基础的实证分析、比较研究，从公共服务供给能力的公众满意度、外显能力与内在构成要素三方面来构建评价体系，从中寻找制约因素，弥补当前理论研究的空白，从而有利于全方位认识和把握西部地方政府公共服务供给能力的现状与发展。

第三章　我国地方政府公共服务供给能力及其发展变化

一、公共服务供给能力的基本模式

(一) 以调配为重点的公共服务供给核心能力

公共服务供给能力的核心是指地方政府在调配资源的基础上，满足不同群体的公共需求从而使其享有平等的公共服务。总的来说，地方政府能够调配的资源，包括经济资源、政治资源、文化资源和社会资源。

稀缺性和有用性是研究经济资源的出发点，所以通常情况下我们将经济资源看作是具有稀缺性但同时能带来效益的各种经济物品的总称。新古典主义将土地、劳动、资本视为具有最基本意义的经济资源。正是由于经济资源的稀缺性，经济资源的调配是否合理、有效直接关系到其他资源的调配效果，调配经济资源是地方政府调配资源的基础。

政治学家R. A. 达尔文认为由于积累性不平等与弥散性不平等两方面的因素，政治资源的分配存在不平等是绝对的。政治资源的分配不平等是导致一系列社会问题的根源，地方政府利用其拥有的具有强制性的行政权力对政治资源进行调配，保障公民的各项政治权利，推进民主政治建设，促进社会主义政治文明，有利于国家的长治久安。

随着社会的发展，公民的文化需求日益增加，对我国的文化建设提出了更高的要求。文化资源是人们从事文化生活和生产的前提准备，地方政府如何更高效地调配文化资源，如提供更先进的公共文化设施，提高公民的科学文化素质，组织公民喜闻乐见的文化活动等成为地方政府公共服务供给能力的一项重要的组成部分。

关于社会资源的定义，由于其标准的不同，定义不同。郑杭生将社会资源界定为一个社会赖以生存和发展所需的人力、财力、物力、机会等生产和生活资料。① 社会资源关系到人们生活的方方面面，政府不可能将整个社会资源的调配大包大揽。地方政府在对社会资源进行调配时应建立起社会资源共享机制，使社会资源配置实现均等化、合理化、多元化。

对经济资源的调配、政治资源的调配、文化资源的调配、社会资源的调配是公共服务供给核心能力的重要组成部分，

---

① 郑杭生：《抓住社会资源和机会公平配置这个关键——党的十八大报告社会建设论述解读》，《求是杂志》2013年第7期。

四者相互影响、相互作用。其中，经济资源的调配是基础，经济资源的调配是否合理、有效，直接关系到其他资源的调配效果。政治资源的调配保障了政局稳定，是经济资源调配的有效补充，为经济资源调配、文化资源调配、社会资源调配提供了强有力的保障。文化资源的调配在人们日益增长的文化需求下是公共服务供给能力核心能力的重要组成部分，为经济资源调配、政治资源调配的有序进行提供了精神支柱。社会资源的调配是经济资源调配、政治资源调配及文化资源调配的全面展现，其调配的内容包括公民生活的方方面面。

(二) 以结果为导向的公共服务供给外显能力

公共服务供给外显能力就是指地方政府在通过调配公共资源来完成各项指标的过程中，所体现出来的公共服务的实际效应。公共服务结果体现于公共服务实际效应中，凝聚了公共服务供给能力，因此，公共服务的外显能力能够通过各项指标完成情况进行衡量。

社会保障供给能力是地方政府在完善社会保障、社会福利，提高全体社会成员尤其是一些特殊社会群体生活水平的能力。养老保险、医疗保险、工伤保险的参保比率及社会保障与就业的财政支出体现出地方政府社会保障供给能力水平。

基础教育供给能力直接影响到全民的基本素质，社会建设高素质人才的培养，是地方政府公共服务外显能力的最基本标准。在知识经济时代，提高教育资金的投入比率，提供高质量的基础教育设施,营造良好的基础教育氛围是提高国家的综合竞争实力的前提和基础。

医疗卫生供给能力关系着民众的健康权益,是公共服务供给的重中之重,也是民众关注和关心的焦点问题。随着社会经济的发展,医疗卫生供给能力越来越不能满足人们日益增长的健康需求。有效缓解"看病难""看病贵"的突出问题,实现"就好医,好就医"已成为公共服务供给能力提升的重要内容。

随着人们环保意识的不断加强,公共环境供给能力成为公共服务供给能力必不可少的一部分,包括社会环境能力和自然环境能力。社会环境能力可从公交数量、公厕数量、城市供水管长度等方面衡量;自然环境的衡量标准从人均绿地面积、污水处理能力两方面考虑。

本书后文将西部6个地区的政府这4个方面的基本能力展开成20个具体的因素指标分别进行评价,在此不一一赘述。

(三)以过程为依据的公共服务供给内在能力

公共服务供给内在能力是指公共服务供给主体自身具备的管理要素,这些管理要素构成了公共服务供给能力的内在要素,体现在整个管理过程之中。这些公共服务的管理要素包括了公共服务组织能力、决策能力、协调能力、沟通能力和监督能力。

公共服务组织能力要素,对公共服务供给效率有着关键性的作用。公共服务组织能力的发挥受到行政组织价值观、行政组织文化、行政职权、公务员素质等多方面因素的影响。

公共服务决策能力直接影响公共资源的分配,间接决定着公共服务供给的质量和数量。公共服务决策能力受到决策方式、决策程序、公民参与程度、执行过程等环节的影响。完善公众参与决策渠道,建立科学、民主的决策机制是地方政府提升公共服务决策能力的重中之重。

公共服务协调能力是指地方政府通过各部门内部合作、部门间合作、与第三部门合作等方式对资源的获取、整合和调配能力。

公共服务沟通能力包括了地方政府与上级、平级及下级的沟通能力,良好的公共服务沟通能力保证了公共服务政策贯彻的连贯性,节约了政策执行成本,提升了公共服务的效果。

公共服务监督能力是对地方政府公共服务组织、协调、沟通和决策的全面监督能力,对公共服务的监督,需要调动政府内部和外部组织及民众的力量。

(四)政府公共服务供给能力构成模式

公共服务供给能力是一个多层次的复杂概念,包含以调配为重点的公共服务供给核心能力,以结果为导向的公共服务供给外显能力,和以过程为依据的公共服务供给内在能力。

为了更加简单明了地表述,我们绘制了公共服务供给能力的要素组成图(图 3.1):

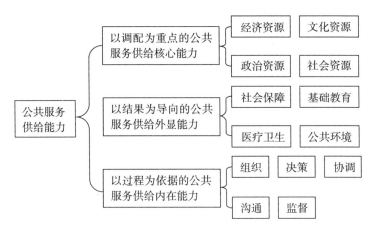

图 3.1 地方政府公共服务供给能力的要素构成图

通过前面对核心能力、内在能力、外显能力的分析可知三者是一个有机的、密不可分的统一整体。核心能力是公共服务供给能力的基础,内在能力很大程度上是对公共资源进行调配的方式与手段,外显能力是最终能力的具体表现。地方政府公共服务供给能力的构成模式如图 3.2 所示。

图 3.2 地方政府公共服务供给能力构成模式

第三章　我国地方政府公共服务供给能力及其发展变化

虽然此构成模式只是一种尝试性的构建，但在探究地方政府公共服务供给能力时，有助于综合考虑到各个层面，以便准确掌握其特征、特点及内在规律。此构成模式对于研究地方政府公共服务供给能力的问题、制约因素、提升路径具有一定意义。

二、我国地方政府公共服务供给能力的发展状况

公共服务供给能力自身的发展是公共服务供给能力研究的前提和基础，本章分阶段对地方政府公共服务供给能力发展的历程进行回顾与分析，为地方政府公共服务面临的问题的相关性分析奠定基础。

（一）改革开放前公共服务供给能力的整体弱化

改革开放前的公共服务供给基本内容有三个方面：一是城市居民的公共服务需求由国家财政负责满足城市居民的吃、穿、住和医疗等方面，同时城市居民所享用的基础设施、公共设施、医疗卫生以及教育等各个方面均由国家财政予以满足，政府承担了城市职工的众多保障责任。二是农村公共服务供给通过体制内供给与体制外供给两大途径完成，其中又以体制外供给为主。三是实行以公社为单位的工分制分配，扣除各项费用之后的剩余劳动成果以工分为权数分配给社员。由于当时通过税收手段筹集的公共资源非常有限，公共服务

体制内供给也仅限于公社本级，因而无论是从供给规模上还是从供给数量上都比较少。

我国这一时期的公共服务供给是在我国特殊的经济政治背景下产生的，从总体上讲，是一种农村居民过分让渡其私人产权和收益权给城镇居民，在保障城镇和城市居民社会福利的情况下，对广大农民的整体福利造成负面影响的财力约束型公共服务供给模式。

第一，从正义的视角看，这种公共供给模式不符合公正、平等原则，从一定意义上讲是非正义的。以政社合一的政治制度为制度运行基础，城市和城市居民公共服务的供给榨取了大量的广大农民凭借其高涨的革命热情、积极性和凝聚力创造的农业剩余。

第二，从生产成本的角度看，城市和农村、城市居民和农村居民为社会公共服务供给承担的成本与其收益不匹配。人均生活费用收入近农村3倍的城镇居民在基础设施、基础教育、住房和医疗卫生保健等公共服务的享受方面远远高于农村居民，然而其为社会公共服务承担的成本远少于农村居民。农村居民在为保障城市和城市居民福利水平而转移其农业剩余的同时生活状况极其恶劣。

第三，从社会发展的角度看，这样完全的体制内的城镇居民公共服务供给和以体制外为主的农村公社公共服务供给形成的城乡双重标准和两种模式运行，使社会公共服务整体水平提高的同时也呈现出当时巨大的城乡公共服务非均等

第三章 我国地方政府公共服务供给能力及其发展变化

化格局。

总体上，改革开放前的公共服务供给由于受中国经济发展水平、公共服务供给模式设计的缺陷等因素，总体上各个领域的公共服务供给项目和水平都严重不足，居民可享用的公共服务资源非常有限、享用的公共服务水平也极其低下。

在这样的背景下，我国地方政府公共服务供给能力长期处于整体弱化状态，地方政府及其公务员缺乏公共服务的意识和行为，也谈不上公共服务的供给能力，而能力的提升更不可能得到应有的重视。

（二）改革开放以来公共服务供给能力的变化

改革开放之初，由于受旧体制的影响，我国依旧实行的是城乡分治、工农分离的隔离政策，同时作为公共服务供给资金保障的财政制度在城乡也是分立的。第一，城市公共服务供给继续沿用原有的全部由国家财政提供的体制。城市的基础设施、城市人口的基础教育、医疗保健等社会福利基本上还是由国家财政保障，但是由于经济体制、财政体制等的改革，城市居民也相应承担了城市公共服务供给的成本。第二，农村及农民的公共服务供给发生了较大变化。家庭联产承包责任制的实施，使农民真正获得了土地的使用权和收益索取权，农户作为最基本的农业生产经营单位，获得了相对独立的经济主体地位。但同人民公社时期一样，家庭承包制下农村公共服务供给也是在公共财政制度缺位下进行的，以农村公共服务的体制外供给为主。

20世纪90年代以来,针对传统基本公共服务供给能力的弊端,我国对基本公共服务供给体制进行了一系列的改革。第一,在公共消费方面,较为明晰地对公共消费品和私人消费品进行了不同方式的供给方式,比如将自来水和煤气等属于准公共消费品的服务组建国有企业统一经营或交由市场以集团供给,而将属于私人消费的产品转移到私人领域,如将城市居民住房实行货币化改革等,同时强化地方政府供给地方公共服务的责任。第二,在公共设施和基础设施建设方面,在投资体制改革的前提下,资金来源不仅仅包括了国家财政资金,加大了个人、企业自有甚至是外来资金的投资力度。第三,在社会保障、基础教育和公共医疗服务等方面,国家不断地进行试点改革,逐步建立起了覆盖面更广、惠及社会居民切身利益的福利制度。例如,在全国范围内完全实施全免费的基础义务教育以及全国范围内的新型农村合作医疗保险制度等措施,不断提高全民的福利水平。

透过我国基本公共服务供给机制的演变与发展可以看出,我国总体上国家资源配置严重向城市倾斜,农村缺乏稳定的投入机制。一系列的基本公共服务保障制度改革并没有彻底改变我国固有的城市偏向型的基本公共服务供给格局,由于农村基本公共服务供给长期以来的严重不足,城乡基本公共服务供给不论是在种类、数量,还是在质量方面都存在很大差距。

与此同时,改革开放的战略也进一步带来了中国区域间

第三章　我国地方政府公共服务供给能力及其发展变化

公共服务供给差异的扩大化。1978年，我国实行改革开放政策后，为了进一步促进社会经济的发展，率先在沿海创办经济特区，给予其灵活、优惠的政策，极大地促进了这些地区经济的快速发展。后来，随着我国东部沿海经济开发区的建立，一方面使得计划经济下束缚的经济能量得以释放，经济开发区迅猛发展；另一方面，也导致中国东、中、西部经济发展严重的区域不平衡，拉大了各地政府财政实力的差距，致使地方政府公共服务供给能力强弱不等，最终形成了我国西部地区公共服务水平明显低于东部地区水平的现实。

三、公共服务供给能力的西部特征

（一）西部地方政府公共服务供给能力的"后发展"特征

随着改革开放步伐的推进，我国经济快速增长成为世界第二大经济体，我国各地区经济大步前进，公共服务供给能力取得显著的成果。在我国整体公共服务供给能力发展的同时也伴随着地区间的不协调与不同步。我国西部地区与先发展地区相比较，没有抢先占据到公共服务资源且占据资源相对较少，因此公共服务起步较晚，公共服务供给能力相对较低，称为公共服务供给能力的"后发展"。值得指出的是"后发展"并不是绝对的落后，是一种相对的状态。西部地区的公共服务供给能力经过长期的发展已经具备加速发展的基本条件，现在正处于发展的转折时期。"后发展"具有两方面显著的特征，一是有一定的资源积累，但相对于先发展地区可调配的资源少；二是有实现跳跃式发展的机会可能。

资源积累是公共服务供给后发展优势的前提，我国西部地区经过长期的发展已经具备了一定的资源积累。所谓的一定的资源积累是在绝对数量上的，从西部地区中小学数量的增加，社保人数比率的提高，人均收入的增长等各个方面都能体现出来。从相对数量上来看，西部地区公共服务供给可调配的资源是十分有限的。如何在原有基础上积累大量的资源，扩大公共服务资源的利用，建立高效的资源利用机制是西部地区的机遇和挑战。

"后发展"面临的外部环境相对较好，且站在先发展"巨人的肩膀上"，可以跳过某些技术性问题，可以借鉴先发展的经验教训，可以直接运用成熟的公共服务供给机制，做到高起点规划、高标准建设、高速度发展。总的来说，便是后发展可以做到后来居上，有实现跳跃式发展的机会可能。

（二）"后发展"特征的优势

地区间公共服务供给能力的差距积极影响了地区间公共服务供给发展动力和竞争力的形成。在先发展地区的带动下，西部地区公共服务供给后发展的优势是明显的，主要包括以下三个方面：一是能力提升有经验可以学，二是能力提升有压力可追，三是能力提升空间大。

我国东部地区抢先占据到公共服务资源,公共服务起步较早,公共服务供给能力相对较高,经过多年实践与长期发展,形成了可供西部地区"模仿"的公共服务供给模式。西部地区可根据东部地区现有的公共服务供给模式,结合自身实际情况,制定一套完整的公共服务供给能力提升路径,避免走弯路、岔路。

先发展地区为西部地区公共服务供给提供了可追赶的"榜样",在先发展地区的榜样带动下,西部地区通过模仿创新和机制的完善,从而形成公共服务供给发展的动力。

东部地区公共服务供给能力发展水平一直处于领先地位,已获得了公共服务发展的先发利益。正是由于"后发展"地区前期公共服务供给发展滞后,形成了"后发展"利益空间大,能力提升空间大的后发展优势。西部地区地方政府应充分认识、把握和运用公共服务供给"后发展"转折时期的"后发展"利益及其内在规律,从而实现跳跃式发展。

(三)"后发展"特征的不足

西部公共服务供给能力"后发展"特征的不足主要表现在客观条件制约大幅提升及惯性格局难以打破的两方面。

西部地区客观条件限制了公共服务供给能力的大幅提升。首先,西部地区经济发展水平低,人均 GDP 与东部地区差距较大,导致公共资源供给缺口,制约了公共服务供给能力的提升。其次,西部地区公共服务基础设施落后,缺乏公共服务供给能力提升的基础物质条件，错失了许多良好的发展契机。再次，西部地区公共服务机制不健全，不利于公共服务长期稳步发展。

西部地区公共服务供给能力相对较低，后发展的客观格局已经形成，地区间差异的存在会诱导公共服务供给主体利己行为，导致公共服务供给的地区保护主义。地区保护主义的出现导致地区间公共服务资源浪费、合作不畅等情况，外加上西部地区客观条件的制约，不可避免地出现强者更强、弱者更弱的局面，难以打破已有的西部地区公共服务供给能力相对较低的惯性。

第四章 西部地区地方政府公共服务供给能力评价的实证研究

一、西部地区地方政府公共服务满意度的实证分析

(一) 数据收集和样本情况

本书在反复讨论的基础上,设计了"基层政府公共服务满意度调查问卷",并于2010年在四川省成都市、重庆主城区和黔江区、贵州省遵义市、云南、甘肃、陕西等地发放该问卷1500份,回收问卷1382份,经过剔除无效问卷42份,最终有效问卷1340份,有效回收率89.3%。

问卷回收后,运用SPSS19.0对数据进行了录入和统计分析,样本基本情况表如表4-1。

表 4-1 满意度调查样本基本情况表

统计指标		比例(%)	统计指标		比例(%)
省份	重庆	7.46	文化程度	小学及以下	9.01
	四川	14.93		中学或中专	25.83
	云南	16.72		大专	19.82
	贵州	8.06		本科	39.34
	甘肃	25.37		研究生及以上	6.01
	陕西	27.46	工作单位	国有企业	9.76
性别	男	45.79		私营企业	35.35
	女	54.21		外企	6.06
年龄	25岁或者25岁以下	30.46		事业单位	35.35
	26—35岁	33.54		政府部门	13.47
	36—45岁	25.85	政治面貌	中共党员（含预备）	30.82
	46岁或者46岁以上	10.15		共青团员	23.90
户口	城镇居民	65.02		民主党派	2.20
	农村居民	34.98		群众	43.08

调查的对象在西部省份、性别、年龄、户口、文化程度、工作单位、政治面貌等各项内容上都有所分布，且分布比较均衡，基本覆盖各类居民，能够普遍反映西部地方政府公共服务满意度现状。

(二) 关于公共服务项目满意度的描述性分析

调查问卷分别对政府公共服务部门提供的基本公共服务项目做了满意度调查，即义务教育、基本医疗、公共卫生、环境保护、养老保障等14个项目。选取二维交叉列联表展示公众最需要的、认为当地最好和最不好的项目,如表4-2—表4-4和图4.1—图4.3所示。

表4-2 不同地区的公众最需要的基本公共服务项目

最需要的公共服务项目		省份						合计
		重庆	四川	云南	贵州	甘肃	陕西	
义务教育	计数	0	24	36	40	24	72	196
	地区中比例	0.0%	12.2%	16.7%	37.0%	7.6%	19.6%	15.0%
基本医疗	计数	28	84	68	56	124	104	464
	地区中比例	28.0%	42.9%	31.5%	51.9%	39.2%	28.3%	35.6%
公共卫生	计数	32	24	32	0	44	36	168
	地区中比例	32.0%	12.2%	14.8%	0.0%	13.9%	9.8%	12.9%
环境保护	计数	20	20	12	0	40	80	172
	地区中比例	20.0%	10.2%	5.6%	0.0%	12.7%	21.7%	13.2%
养老保障	计数	4	20	12	8	28	20	92
	地区中比例	4.0%	10.2%	5.6%	7.4%	8.9%	5.4%	7.1%
社会救助	计数	4	8	4	4	8	8	36
	地区中比例	4.0%	4.1%	1.9%	3.7%	2.5%	2.2%	2.8%
社会治安	计数	4	8	24	0	4	24	64
	地区中比例	4.0%	4.1%	11.1%	0.0%	1.3%	6.5%	4.9%

续表

最需要的公共服务项目		省份						合计
		重庆	四川	云南	贵州	甘肃	陕西	
道路交通	计数	0	8	4	0	0	12	24
	地区中比例	0.0%	4.1%	1.9%	0.0%	0.0%	3.3%	1.8%
法律制度建设	计数	0	0	0	0	0	8	8
	地区中比例	0.0%	0.0%	0.0%	0.0%	0.0%	2.2%	0.6%
信息提供	计数	4	0	4	0	20	4	32
	地区中比例	4.0%	0.0%	1.9%	0.0%	6.3%	1.1%	2.5%
水电煤气供应	计数	0	0	0	0	4	0	4
	地区中比例	0.0%	0.0%	0.0%	0.0%	1.3%	0.0%	0.3%
食品安全	计数	4	0	0	0	16	0	20
	地区中比例	4.0%	0.0%	0.0%	0.0%	5.1%	0.0%	1.5%
就业服务	计数	0	0	16	0	4	0	20
	地区中比例	0.0%	0.0%	7.4%	0.0%	1.3%	0.0%	1.5%
公共休闲场所建设	计数	0	0	4	0	0	0	4
	地区中比例	0.0%	0.0%	1.9%	0.0%	0.0%	0.0%	0.3%
	计数	100	196	216	108	316	368	1304
	地区中比例	100.0%	100.0%	100.0%	100.0%	100.0%	100.0%	100.0%

第四章　西部地区地方政府公共服务供给能力评价的实证研究

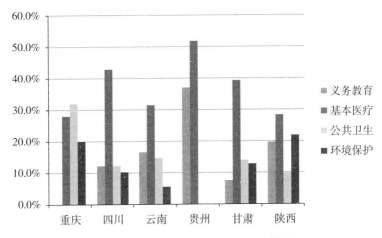

图 4.1　不同地区的公众最需要的基本公共服务项目

从表 4-2 和图 4.1 中可以看出，基本医疗是西部地区公众最需要政府提供和保障的公共服务，其次为义务教育。此外，重庆对公共卫生的需求是最高的；贵州除了对基本医疗的需求最高外，对义务教育的需求在几个地区中也是最高的；云南在社会治安、就业服务方面的需求高于其他西部地区；而甘肃则是在政府信息提供方面高于其他地区；法律制度建设只有陕西显示出有需求。

表 4-3　不同地区的公众认为当地政府最好的基本公共服务项目

公众认为最好的公共服务项目		省份						合计
		重庆	四川	云南	贵州	甘肃	陕西	
义务教育	计数	32	20	60	12	124	72	320
	地区中比例	32.0%	10.6%	27.8%	11.1%	38.8%	20.0%	24.8%
基本医疗	计数	16	16	40	0	28	28	128
	地区中比例	16.0%	8.5%	18.5%	0.0%	8.8%	7.8%	9.90%

续表

公众认为最好的公共服务项目		省份						合计
		重庆	四川	云南	贵州	甘肃	陕西	
公共卫生	计数	0	16	4	12	16	28	76
	地区中比例	0.0%	8.5%	1.9%	11.1%	5.0%	7.8%	5.90%
环境保护	计数	0	4	0	8	4	4	20
	地区中比例	0.0%	2.1%	0.0%	7.4%	1.3%	1.1%	1.50%
养老保障	计数	0	24	8	4	8	16	60
	地区中比例	0.0%	12.8%	3.7%	3.7%	2.5%	4.4%	4.60%
社会救助	计数	0	4	8	4	4	16	36
	地区中比例	0.0%	2.1%	3.7%	3.7%	1.3%	4.4%	2.80%
社会治安	计数	0	8	16	12	4	32	72
	地区中比例	0.0%	4.3%	7.4%	11.1%	1.3%	8.9%	5.6%
道路交通	计数	16	32	20	4	76	36	184
	地区中比例	16.0%	17.0%	9.3%	3.7%	23.8%	10.0%	14.2%
法律制度建设	计数	0	4	16	8	8	0	36
	地区中比例	0.0%	2.1%	7.4%	7.4%	2.5%	0.0%	2.8%
信息提供	计数	4	0	4	0	4	16	28
	地区中比例	4.0%	0.0%	1.9%	0.0%	1.3%	4.4%	2.2%
水电煤气供应	计数	16	20	8	12	12	16	84
	地区中比例	16.0%	10.6%	3.7%	11.1%	3.8%	4.4%	6.5%

第四章 西部地区地方政府公共服务供给能力评价的实证研究

续表

公众认为最好的公共服务项目		省份						合计
		重庆	四川	云南	贵州	甘肃	陕西	
食品安全	计数	0	16	4	4	12	16	52
	地区中比例	0.0%	8.5%	1.9%	3.7%	3.8%	4.4%	4.0%
就业服务	计数	0	0	4	4	4	12	24
	地区中比例	0.0%	0.0%	1.9%	3.7%	1.3%	3.3%	1.9%
公共休闲场所建设	计数	16	20	16	24	16	68	160
	地区中比例	16.0%	10.6%	7.4%	22.2%	5.0%	18.9%	12.4%
合计	计数	100	188	216	108	320	360	1292
	地区中比例	100.00%	100.00%	100.00%	100.00%	100.00%	100.00%	100.00%

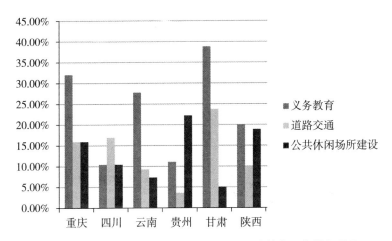

图 4.2 不同地区的公众认为当地政府最好的基本公共服务项目

从表4-3和图4.2中可以看出，重庆、云南、甘肃、陕西四个地区的公众认为当地政府做得最好的公共服务项目是义务教育，四川的公众认为当地政府做得最好的公共项目是道路交通，贵州公众认为当地政府做得最好的公共服务项目是公共休闲场所建设。总的来说，西部公众认为西部地方政府公共服务项目做得最好的是义务教育。

表4-4 不同地区的公众认为当地政府最不满意的基本公共服务项目

公众认为最不满意的公共服务项目		省份						合计
		重庆	四川	云南	贵州	甘肃	陕西	
义务教育	计数	0	24	4	0	0	16	44
	地区中比例	0.0%	12.5%	1.9%	0.0%	0.0%	4.5%	3.4%
基本医疗	计数	4	0	8	4	4	16	36
	地区中比例	4.0%	0.0%	3.7%	3.7%	1.3%	4.5%	2.8%
公共卫生	计数	4	12	0	4	52	32	104
	地区中比例	4.0%	6.3%	0.0%	3.7%	16.7%	9.0%	8.1%
环境保护	计数	12	8	16	0	28	48	112
	地区中比例	12.0%	4.2%	7.4%	0.0%	9.0%	13.5%	8.7%
养老保障	计数	0	0	12	4	0	12	28
	地区中比例	0.0%	0.0%	5.6%	3.7%	0.0%	3.4%	2.2%
社会救助	计数	4	4	16	20	32	12	88
	地区中比例	4.0%	2.1%	7.4%	18.5%	10.3%	3.4%	6.9%

第四章 西部地区地方政府公共服务供给能力评价的实证研究

续表

公众认为最不满意的公共服务项目		省份						合计
		重庆	四川	云南	贵州	甘肃	陕西	
社会治安	计数	0	20	28	0	8	24	80
	地区中比例	0.0%	10.4%	13.0%	0.0%	2.6%	6.7%	6.2%
道路交通	计数	4	12	0	0	0	24	40
	地区中比例	4.0%	6.3%	0.0%	0.0%	0.0%	6.7%	3.1%
法律制度建设	计数	0	4	16	8	8	20	56
	地区中比例	0.0%	2.1%	7.4%	7.4%	2.6%	5.6%	4.4%
信息提供	计数	4	16	12	0	24	8	64
	地区中比例	4.0%	8.3%	5.6%	0.0%	7.7%	2.2%	5.0%
水电煤气供应	计数	0	12	0	4	0	0	16
	地区中比例	0.0%	6.3%	0.0%	3.7%	0.0%	0.0%	1.2%
食品安全	计数	60	40	48	20	80	60	308
	地区中比例	60.0%	20.8%	22.2%	18.5%	25.6%	16.9%	24.0%
就业服务	计数	4	12	40	36	68	52	212
	地区中比例	4.0%	6.3%	18.5%	33.3%	21.8%	14.6%	16.5%
公共休闲场所建设	计数	4	28	16	8	8	32	96
	地区中比例	4.0%	14.6%	7.4%	7.4%	2.6%	9.0%	7.5%
合计	计数	100	192	216	108	312	356	1284
	地区中比例	100.0%	100.0%	100.0%	100.0%	100.0%	100.0%	100.0%

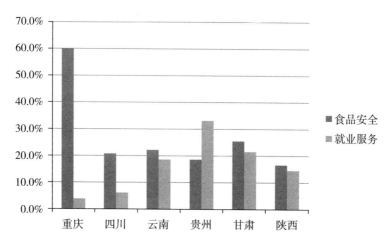

图 4.3 不同地区的公众认为当地政府最不好的基本公共服务项目

从表 4-4 和图 4.3 中可以看出,重庆、四川、云南、甘肃、陕西五个地区的公众认为当地政府做得最不好的公共服务项目是食品安全,贵州的公众认为当地政府做得最不好的公共项目是就业服务。西部六个地区都认为食品安全做得不好,除重庆、四川外的另外四个地区对就业服务的评价较低。

(三) 公共服务满意度因子分析和结论

1. 满意度指标体系的建立和量化

公共服务满意度指标体系存在多个隐形变量(公众期望、公众感知等),是不容易直接测评的。而满意度指标体系在很大程度上决定了结果的有效性及可靠性。所以我们必须对这些不易测评的变量进行剖析,建立一套可以直接测评的指标体系。

遵循代表性、可控性、可行性和科学性四个原则,将公

第四章　西部地区地方政府公共服务供给能力评价的实证研究

共服务满意度评价指标体系划分为两个层次。服务态度、电子化服务水平、服务效果、公众支持度四个结构变量为一级指标，即第一层次；根据公共服务的特点，将四个隐形变量展开为具体的因素指标，即用以解释结构变量的分因子，即第二层次。指标体系层次结构如表4-5所示。

表4-5　满意度指标体系

一级指标	二级指标
服务态度	政府重视公众的程度 x_1
	公务员态度 x_2
	政府重视民生问题的程度 x_3
	政府诚信度 x_4
	政府亲民程度 x_5
电子化服务水平	政府信息发布的完善性 x_6
	政府意见回馈的及时性 x_7
	政府电子政务建设水平 x_8
服务效果	政府机构办事效率 x_9
	政府对经济发展的作用 x_{10}
	政府综合管理水平 x_{11}
	第三部门的公共服务数量 x_{12}
	公共服务供给效果 x_{13}
公众支持度	政府声誉 x_{14}
	对政府机构和公务员的信任度 x_{15}
	公众总体评价 x_{16}

为了方便研究，本书在进行调研问卷的设计中，以公共服务满意度评价指标为基础设计了相关问题。问卷题型为选择题和评分题，少数为评分题，根据被调查者主观满意度打

分,多为选择题,根据被调查者自己的主观满意程度勾选。我们对公共服务满意度评价结果进行了数据处理,使其满足二元变量的条件,将受众对公共服务总的评价结果设置为"很满意""比较满意""一般""比较不满意""很不满意"五种。将受众对各类公共服务的评价结果量化使用5分制,"很满意"取值为5,"比较满意"取值为4,"一般"取值为3,"比较不满意"取值为2,"很不满意"取值为1。具体指标量化情况如表4-6所示。

表4-6 满意度指标的量化

分值	客户满意程度
5	很满意(问卷中以"非常高、非常完善、很好"等表述)
4	比较满意
3	一般
2	比较不满意
1	很不满意

2. 运用因子分析法

因子分析是一种将多个实测变量转换为少数几个不相关的综合指标的多元统计分析方法,研究如何以最少的信息损失把众多的实测变量浓缩为少数几个因子。综合指标即因子不仅保留了原变量的主要信息,彼此之间又不相关,又比原变量具有某些优越的性质,使得在评价满意度时能够抓住主要矛盾。

在进行因子分析之前,我们首先将原始数据进行标准化,

第四章 西部地区地方政府公共服务供给能力评价的实证研究

以消除变量间在数量级和量纲上的不同。进行 KMO 检验，见表4-7，从表中看出 KMO 检验值为 0.881>0.6，而 BARTLETT 检验的伴随概率即 p 值为 0.000，小于显著性水平 0.05，以上检验结果都说明原始数据能够进行因子分析。

表 4-7 因子分析可行性检验

KMO 和 Bartlett 的检验		
取样足够度的 Kaiser-Meyer-Olkin 度量。		0.881
Bartlett 的球形度检验	近似卡方	1674.157
	df	120
	Sig.	0.000

运用软件 SPSS19.0，提取特征值大于 1 的因子共 4 个，见表4-8，其方差累计贡献率为 69.493%，反映原始指标大部分信息。

表 4-8 总方差分解提取因子个数确定

解释的总方差						
成分	初始特征值			提取平方和载入		
	合计	方差的%	累积%	合计	方差的%	累积%
1	5.411	43.820	43.820	5.411	43.820	43.820
2	1.895	11.844	55.664	1.895	16.844	55.664
3	1.152	7.201	62.865	1.152	7.201	62.865
4	1.060	6.628	69.493	1.060	6.628	69.493
5	0.887	5.544	75.038			
6	0.805	5.034	80.072			
7—16 略						

由于初始载荷阵结构不够清晰，不便于对因子进行解释，因此，并不给出因子载荷阵，而是运用方差最大正交旋转法对因子载荷阵进行旋转，得到因子旋转载荷阵，见表4-9。

表4-9 因子旋转载荷阵

	因子			
	1	2	3	4
政府重视公众的程度	0.136	0.032	0.313	0.748
公务员态度	0.832	-0.008	0.202	0.064
政府重视民生问题的程度	0.739	0.358	-0.081	0.034
政府诚信度	0.774	0.287	-0.022	0.091
政府亲民程度	0.799	0.077	0.173	0.139
政府信息发布的完善性	0.217	0.592	0.125	0.361
政府信息回馈的及时性	0.291	0.705	0.215	0.078
政府电子政务建设水平	0.572	0.468	-0.197	0.022
政府机构办事效率	0.132	0.659	0.187	0.196
政府对经济发展的作用	0.079	0.143	0.707	-0.022
政府综合管理水平	0.677	0.004	0.359	0.085
第三部门的公共服务数量	0.024	0.716	0.093	-0.001
公共服务供给效果	0.095	0.366	0.365	-0.132
政府声誉	0.128	0.399	0.578	0.276
对政府机构和公务员的信任度	0.082	0.223	-0.231	0.714
公众总体评价	0.142	0.563	0.490	0.179

提取方法：主成分。

旋转法：具有Kaiser标准化的正交旋转法。

a. 旋转在7次迭代后收敛。

荷载值绝对值大于0.5认为是强荷载。由表4-9可见，在主因子F1中，公务员态度、政府重视民生问题的程度、政

第四章　西部地区地方政府公共服务供给能力评价的实证研究

府诚信度、政府亲民程度、政府电子政务建设水平、政府综合管理水平六个指标具有较高的因子载荷；在主因子 F2 中，政府信息发布的完善性、政府信息回馈的及时性、政府机构办事效率、第三部门的公共服务数量、公众总体评价五个指标具有较高的因子载荷；在主因子 F3 中，政府对经济发展的作用、政府声誉两个指标具有较高的因子载荷；在主因子 F4 中，政府重视公众的程度、对政府机构和公务员的信任度两个指标具有较高的因子载荷。

各个地区的第一、二、三、四因子得分 F1、F2、F3、F4 系统自动给出，由于开始已经对原始数据进行了标准化处理，消除了量纲的影响，所以再以各主因子的方差贡献率占 4 个主因子的总方差贡献率的比重为权重进行加权汇总，得出各地区的因子综合得分 F，给予各个地区公共服务满意度的定量化描述。因子得分矩阵见表 4-10。

表 4-10　因子得分矩阵

	因子				总得分	排名
	1	2	3	4		
政府重视公众的程度	-0.029	-0.199	0.166	0.608	0.022987	8
公务员态度	-0.03	-0.079	0.497	-0.101	0.009486	10
政府重视民生问题的程度	0.226	0.095	-0.18	-0.084	0.132036	5
政府诚信度	0.242	0.03	-0.128	-0.03	0.141585	3
政府亲民程度	0.267	-0.135	0.058	0.033	0.15451	2
政府信息发布的完善性	-0.04	0.197	-0.069	0.183	0.018657	9

续表

	因子				总得分	排名
	1	2	3	4		
政府信息回馈的及时性	-0.012	0.277	-0.009	-0.093	0.029841	7
政府电子政务建设水平	0.155	0.205	-0.28	-0.092	0.094888	6
政府机构办事效率	-0.072	0.26	-0.02	0.031	-0.0002	15
政府对经济发展的作用	0.296	-0.179	0.101	-0.022	0.164508	1
政府综合管理水平	0.225	-0.186	0.224	-0.005	0.132911	4
第三部门的公共服务数量	-0.1	0.361	-0.081	-0.134	-0.0227	16
公共服务供给效果	-0.028	0.129	0.201	-0.212	0.004938	13
政府声誉	-0.064	0.026	0.322	0.118	0.008696	11
对政府和公务员的信任度	-0.044	0.031	-0.276	0.589	0.005116	12
公众总体评价	-0.071	0.147	0.228	0.01	0.004863	14

提取方法：主成分。

旋转法：具有 Kaiser 标准化的正交旋转法。

从表 4-10 中可看出哪些因素对公共服务满意度起了主要作用，政府对经济发展的作用、政府亲民程度、政府诚信度、政府综合管理水平、政府重视民生问题的程度、政府电子政务建设水平、政府信息回馈的及时性、政府重视公众的程度等因素对公共服务满意度产生了重要影响，政府信息发布的

第四章 西部地区地方政府公共服务供给能力评价的实证研究

完善性、公务员态度、政府声誉、对政府机构和公务员的信任度、公共服务供给效果、公众总体评价、政府机构办事效率、第三部门的公共服务数量等因素对公共服务满意度的影响程度较小。

因子得分的综合评价模型为：

$$F = (43.820*F_1+16.844*F_2+7.201*F_3+6.628*F_4)/69.493$$

各个地区的第一、二、三、四因子得分 F1、F2、F3、F4 系统自动给出，以因子综合得分的大小按降序进行排序，得出各地区的因子综合得分排名如表 4-11。

表 4-11 各地区的因子综合得分及排名

地区	F1	F2	F3	F4	综合得分 F	排名
陕西	1.3838	0.2051	1.3436	-0.1667	1.0309	1
重庆	0.6685	-0.5507	-0.2188	-0.5546	0.2521	2
四川	0.1243	0.3672	-0.5467	0.0555	0.0896	3
云南	-0.1518	-0.3872	-0.1572	0.2208	-0.1569	4
贵州	-0.5340	-0.4484	-0.0088	-0.4845	-0.4603	5
甘肃	-1.3934	-0.7499	-1.0062	0.0597	-1.1050	6

从整体上，表 4-11 中综合得分越大，公众对公共服务满意度越高。由于原始数据的标准化处理意味着综合得分水平定为零点。从表 4-11 综合得分的数据分析发现，陕西、重庆、四川三个地区的公共服务满意度水平在西部地方政府公共服务满意度平均水平之上，其他三个地区云南、贵州、甘

肃公共服务满意度水平在西部平均水平之下。

二、西部地区地方政府公共服务供给能力评价的实证分析

本书通过建立政府公共服务供给能力评价指标体系，对我国31个省级地方政府进行评估和分析，比较得出西部地区地方政府和全国其他地区地方政府在公共服务供给能力方面的差异，从而为研究和正确评价西部地区地方政府的公共服务供给能力提供定量研究的参考。

（一）公共服务供给能力指标体系的建立和数据收集

本书遵循代表性、可控性、可行性和科学性四个原则，将公共服务型基层政府应具备四个方面的基本能力作为一级指标展开为20个具体的因素指标。指标体系如表4-12所示。

表4-12 公共服务供给能力评价的指标体系

一级指标	二级指标
社会保障	年末参加城镇职工基本养老保险人数 x_1
	城镇基本医疗保险参保人数 x_2
	年末参加工伤保险人数 x_3
	社会保障和就业财政支出 x_4
基础教育	普通高中师生比 x_5
	普通初中师生比 x_6
	普通小学师生比 x_7
	教育财政支出 x_8

第四章　西部地区地方政府公共服务供给能力评价的实证研究

续表

一级指标		二级指标
医疗卫生		医疗卫生财政支出 x_9
		医疗卫生机构数 x_{10}
		每千人口卫生技术人员数 x_{11}
		出生率 x_{12}
		死亡率 x_{13}
公共环境	社会环境	每万人拥有公共交通车辆 x_{14}
		每万人拥有公共厕所 x_{15}
		城市排水管道长度 x_{16}
		交通事故发生数 x_{17}
		人口火灾发生率 x_{18}
	自然环境	人均公园绿地面积 x_{19}
		城市污水日处理能力 x_{20}

本书这部分收集的数据获取均以统计年鉴为准,由于年鉴中关于港澳台的数据资料不完全,且港澳台地区地方政府治理方式特殊,所以未将港澳台列为研究对象,只选取了31个省级地方政府进行研究,指标均通过《中国统计年鉴2012》《中国科技统计数据（2012）》直接或间接计算获得（西藏的数据有部分缺失）。

（二）公共服务供给能力评价的整体分析

1. 因子分析

在进行因子分析之前,我们首先将原始数据进行标准化,以消除变量间在数量级和量纲上的不同。进行 KMO 检验,见

表4-13，从表中看出KMO检验值为0.619>0.6，而BARTLETT检验的伴随概率即p值为0.000，小于显著性水平0.05，以上检验结果都说明原始数据能够进行因子分析。

表4-13 因子分析可行性检验

KMO 和 Bartlett 的检验		
取样足够度的 Kaiser-Meyer-Olkin 度量。		0.619
Bartlett 的球形度检验	近似卡方	701.926
	df	190
	Sig.	0.000

运用软件SPSS19.0，提取特征值大于1的因子共四个，见表4-14，其方差累计贡献率为79.699%，反映原始指标大部分信息。

表4-14 总方差分解及提取因子个数确定

解释的总方差						
成分	初始特征值			提取平方和载入		
	合计	方差的%	累积%	合计	方差的%	累积%
1	8.279	41.395	41.395	8.279	41.395	41.395
2	4.254	21.271	62.667	4.254	21.271	62.667
3	1.849	9.247	71.913	1.849	9.247	71.913
4	1.557	7.786	79.699	1.557	7.786	79.699
5	0.910	4.549	84.249			
6	0.769	3.846	88.095			
7—20略						

第四章 西部地区地方政府公共服务供给能力评价的实证研究

由于初始载荷阵结构不够清晰，不便于对因子进行解释，因此，并不给出因子载荷阵，而是运用方差最大正交旋转法对因子载荷阵进行旋转，得到因子旋转载荷阵，见表4-15。

表4-15 因子旋转载荷阵

因素指标	因子			
	1	2	3	4
年末参加城镇职工基本养老保险人数 x_1	0.948	-0.183	0.101	0.101
城镇基本医疗保险参保人数 x_2	0.940	-0.068	0.064	0.187
年末参加工伤保险人数 x_3	0.899	-0.294	0.023	0.179
社会保障和就业财政支出 x_4	0.755	0.236	0.304	-0.363
普通高中师生比 x_5	-0.087	0.226	-0.084	0.867
普通初中师生比 x_6	-0.022	0.535	-0.184	0.654
普通小学师生比 x_7	0.647	0.508	-0.234	-0.167
教育财政支出 x_8	0.974	0.016	-0.008	-0.010
医疗卫生财政支出 x_9	0.920	0.204	0.001	-0.105
医疗卫生机构数 x_{10}	0.870	0.346	-0.001	-0.150
每千人口卫生技术人员数 x_{11}	0.032	-0.902	0.225	-0.162
出生率 x_{12}	-0.264	-0.627	0.254	0.374
死亡率 x_{13}	0.097	-0.265	0.677	-0.466
每万人拥有公共交通车辆 x_{14}	0.103	-0.762	-0.137	-0.058
每万人拥有公共厕所 x_{15}	-0.118	0.637	-0.065	-0.018
城市排水管道长度 x_{16}	0.919	-0.154	-0.002	0.099
交通事故发生数 x_{17}	0.364	0.051	-0.777	0.258
人口火灾发生率 x_{18}	-0.389	-0.473	-0.583	0.273
人均公园绿地面积 x_{19}	0.207	0.079	0.118	0.678
城市污水日处理能力 x_{20}	0.913	-0.145	-0.017	0.112

由表 4-15 可见，在主因子 F1 中，年末参加城镇职工基本养老保险人数、城镇基本医疗保险参保人数、年末参加工伤保险人数、社会保障和就业财政支出、普通小学师生比、教育财政支出、医疗卫生财政支出、医疗卫生机构数、城市排水管道长度、城市污水日处理能力十个指标具有较高的因子载荷；在主因子 F2 中，每千人口卫生技术人员数、出生率、每万人拥有公共交通车辆、每万人拥有公共厕所四个指标具有较高的因子载荷；在主因子 F3 中，死亡率、交通事故发生数、火灾发生率三个指标具有较高的因子载荷；在主因子 F4 中，普通高中师生比、普通初中师生比、人均公园绿地面积三个指标具有较高的因子载荷。

旋转后的因子载荷矩阵反映了四个主因子和 20 个评价指标的内在联系，载荷值越大，指标项对主因子的影响越大，以因子载荷绝对值大于 0.5 为选取标准，得到因子载荷分析表，如表 4-16 所示。

表 4-16 因子载荷分析表

主因子	因子命名	方差贡献率	主因子上载荷较大的指标
F1	综合因子	41.40%	x_1、x_2、x_3、x_4、x_7、x_8、x_9、x_{10}、x_{16}、x_{20}
F2	成本因子	21.27%	x_{11}、x_{12}、x_{14}、x_{15}
F3	危害因子	9.25%	x_{13}、x_{17}、x_{18}
F4	发展因子	7.79%	x_5、x_6、x_{19}

表 4-16 中的四个主因子，概括命名为政府公共服务供给能力的四个因子：(1) 综合因子；(2) 成本因子；(3) 危害因

子;(4) 发展因子。

第一个主因子 F1 的方差贡献率达 41.4%,为四个主因子中贡献率最大的因子,十个指标(x_1、x_2、x_3、x_4、x_7、x_8、x_9、x_{10}、x_{16}、x_{20}) 对其有较大影响。十个指标中,年末参加城镇职工基本养老保险人数、城镇基本医疗保险参保人数、年末参加工伤保险人数、社会保障和就业财政支出反映政府在社会保障方面的供给能力;普通小学师生比、教育财政支出反映政府在基础教育方面的供给能力;医疗卫生财政支出、医疗卫生机构数量反映政府在医疗卫生方面的供给能力;城市排水管道长度、城市污水日处理能力反映了社会公共环境的现状。这些指标与科技教育、社会就业、居民生活、经济发展等诸多方面相关,任何一方面处理不好都会影响政府的公共因子得分,因此,该因子可以看作政府公共服务供给能力的集中体现,故称为综合因子。

第二个主因子 F2 的方差贡献率达 21.27%,为四个主因子中贡献率第二大的因子,四个指标(x_{11}、x_{12}、x_{14}、x_{15}) 对其有较大影响。其中,每千人口卫生技术人员数、出生率反映了政府在医疗卫生方面的投入情况;每万人拥有公共交通车辆、每万人拥有公共厕所反映了政府在社会环境方面的投入情况,这四个指标反映了地方政府在为社会提供服务时所花费的成本,故该因子可称为政府公共服务供给能力的成本因子。

第三个主因子 F3 的方差贡献率达 9.25%,三个指标

(x_{13}、x_{17}、x_{18}）对其有较大影响。死亡率、交通事故发生数、火灾发生率对公共服务供给能力产生直接的负面影响，故称该因子为政府公共服务供给能力的危害因子。

第四个主因子 F4 方差贡献率达 7.79%，三个指标（x_5、x_6、x_{19}）对其有较大影响。普通高中师生比、普通初中师生比、人均公园绿地面积三个指标反映出一个地区的教育以及自然环境保护方面的发展现状和将来的发展潜力，故称该因子为政府公共服务供给能力的发展因子。

因子得分 F1、F2、F3、F4 系统自动给出，以各主因子的方差贡献率占四个主因子的总方差贡献率的比重为权重进行加权汇总，得出各省份的因子综合得分 F，给予各省份公共服务供给能力评价的定量化描述。

因子得分的综合评价模型为：

$$F = (41.4 * F_1 + 21.27 * F_2 + 9.25 * F_3 + 7.79 * F_4)/79.699$$

各省份的第一、二、三、四因子得分 F1、F2、F3、F4 系统自动给出，以因子综合得分的大小按降序进行排序，得出 30 个省份（除西藏外，西藏的数据有部分缺失）的因子综合得分排名如表 4-17。

表 4-17 因子综合得分及排名

排名	地区	综合因子	成本因子	危害因子	发展因子	F
1	广东	3.038	-0.844	-0.143	2.571	1.587
2	江苏	1.955	-0.221	-0.152	-0.134	0.926
3	山东	1.832	0.065	-0.935	0.075	0.868

第四章　西部地区地方政府公共服务供给能力评价的实证研究

续表

排名	地区	综合因子	成本因子	危害因子	发展因子	F
4	四川	0.924	1.250	0.369	-1.045	0.754
5	浙江	0.800	1.418	-0.054	-0.863	0.703
6	安徽	0.242	1.061	-0.050	0.328	0.435
7	湖北	0.309	0.608	0.799	-0.161	0.400
8	北京	0.383	0.581	0.218	0.027	0.382
9	天津	-0.694	0.620	3.116	0.800	0.244
10	河北	0.868	-0.784	-0.098	0.079	0.238
11	辽宁	0.430	-0.010	0.862	-1.288	0.195
12	重庆	-0.438	0.967	-0.033	1.024	0.126
13	湖南	0.309	0.442	-0.660	-1.061	0.098
14	陕西	-0.306	0.381	0.278	0.447	0.019
15	吉林	-0.626	0.302	2.043	-0.240	-0.031
16	江西	-0.347	0.404	-0.376	0.607	-0.057
17	黑龙江	-0.287	0.066	1.030	-0.912	-0.101
18	广西	-0.296	0.544	-1.074	0.284	-0.105
19	山西	-0.520	0.336	0.450	0.146	-0.114
20	云南	-0.260	0.507	-1.029	-1.071	-0.224
21	福建	-0.392	-0.380	-0.395	0.716	-0.281
22	贵州	-0.689	1.003	-1.320	-1.029	-0.344
23	甘肃	-0.792	0.535	-1.067	-0.296	-0.421
24	上海	0.108	-1.996	1.085	-1.590	-0.506
25	新疆	-0.755	-0.867	-0.194	0.658	-0.582
26	河南	-1.480	-0.433	0.276	2.458	-0.612
27	海南	-1.245	-0.134	-1.647	1.011	-0.775
28	内蒙古	-0.016	-3.260	0.204	-0.656	-0.919
29	青海	-1.406	-0.697	-0.380	0.150	-0.946
30	宁夏	-0.646	-1.463	-1.124	-1.036	-0.957

从整体上，表4-17中F越大，政府的公共服务供给能力评价越好。由于原始数据的标准化处理意味着综合得分水平定为零点。从上表综合得分的数据分析发现：广东、江苏、四川、重庆、陕西等14个省份的公共服务供给能力在全国处平均水平之上，云南、贵州、甘肃等其他16个地区处在全国平均水平之下。

2. 对西部政府公共服务供给能力的评价

从表4-17中提取出本书研究的西部六个地区重庆、四川、云南、贵州、甘肃、陕西的情况，结果如下表4-18。

表4-18 西部因子得分及排名

西部排名	全国排名	地区	综合因子	成本因子	危害因子	发展因子	F
1	4	四川	0.924	1.250	0.369	-1.045	0.754
2	12	重庆	-0.438	0.967	-0.033	1.024	0.126
3	14	陕西	-0.306	0.381	0.278	0.447	0.019
4	20	云南	-0.260	0.507	-1.029	-1.071	-0.224
5	22	贵州	-0.689	1.003	-1.320	-1.029	-0.344
6	23	甘肃	-0.792	0.535	-1.067	-0.296	-0.421

从表4-18中可知，四川、重庆、陕西的政府公共服务供给能力处在全国平均水平之上，在六个地区排名靠前，而云南、贵州、甘肃公共服务供给能力处在全国平均水平之下，在六个地区里相对落后。

这与前面表4-1对"基层政府公共服务满意度调查问卷"的分析结果相统一，即在公共服务供给能力评价高的地

第四章 西部地区地方政府公共服务供给能力评价的实证研究

区，公众对公共服务满意度也高。对满意度问卷的分析发现，重庆、陕西、四川三个地区的公共服务满意度水平在西部平均水平之上，其他三个地区云南、贵州、甘肃公共服务满意度水平在西部平均水平之下。

另外需要指出的是，在六个地区里四川的公共服务供给能力评价最高，综合因子F1的得分最高，成本因子也是最高的，这说明公共服务供给能力与公共财政投入的多少有着密切的关联。不过，四川的发展因子F4却明显偏低，今后需要在环境保护等方面提升公共服务供给能力。重庆的F4得分最高，这与重庆扩大公共绿地建设、维护山城的自然地理环境有关。但是，重庆综合因子F1的得分低，从重庆公众最需要的公共服务来看，政府应进一步采取措施治理"脏乱差"，提高公共环境的卫生质量，为公众创造更加清洁卫生的城乡环境，推进重庆的可持续发展。

三、西部地区政府公共服务供给能力结构分项评价

公共服务供给能力的指标体系如前面表4-12所示，一级指标是公共服务型地方政府应具备四个方面的基本能力：社会保障供给能力、基础教育供给能力、医疗卫生供给能力、公共环境供给能力。现在对西部六个地区的政府四个方面基本能力（即四个一级指标）分别进行评价。将四个一级指标展开成了20个具体的因素指标，进行因子分析得到的因子得

分矩阵如表 4-19 所示。

表 4-19 因子得分矩阵

一级指标	二级指标	成分 1	成分 2	成分 3	成分 4	总得分
社会保障供给能力	年末参加城镇职工基本养老保险人数	0.1173	-0.0580	-0.0026	0.0643	0.0515
	城镇基本医疗保险参保人数	0.1162	-0.0311	-0.0102	0.1121	0.0618
	年末参加工伤保险人数	0.1159	-0.1029	-0.0620	0.1143	0.0367
	社会保障和就业财政支出	0.0778	0.1088	0.1907	-0.2211	0.0700
基础教育供给能力	普通高中师生比	-0.0208	0.2415	0.0677	0.1110	0.0724
	普通初中师生比	-0.0018	0.1175	-0.0521	0.3682	0.0603
	普通小学师生比	0.0775	0.1120	-0.0701	-0.0946	0.0527
	教育财政支出	0.1200	-0.0119	-0.0309	0.0001	0.0556
医疗卫生供给能力	医疗卫生财政支出	0.1094	0.0486	0.0059	-0.0594	0.0647
	医疗卫生机构	0.1006	0.0924	0.0277	-0.0887	0.0715
	每千人口卫生技术人员数	0.0107	-0.2329	0.0038	-0.0794	-0.0639
	出生率	-0.0155	-0.0165	-0.3146	0.2312	-0.0264
	死亡率	0.0060	0.1740	-0.0353	-0.2722	0.0189
公共环境供给能力	每万人拥有公共交通车辆	0.0287	-0.2454	-0.1813	-0.0083	-0.0725
	每万人拥有公共厕所	-0.0326	0.0712	0.3432	-0.0351	0.0385
	城市排水管道长度	0.1164	-0.0634	-0.0541	0.0664	0.0437
	交通事故发生数	0.0225	0.1106	0.4104	0.1175	0.1003
	人口火灾发生率	-0.0560	-0.0600	0.2537	0.1423	-0.0018
	人均公园绿地面积	0.0249	0.0196	0.0421	0.3826	0.0605
	城市污水日处理能力	0.1160	-0.0629	-0.0610	0.0741	0.0436

第四章　西部地区地方政府公共服务供给能力评价的实证研究

将数据进行标准化，消除变量间在数量级和量纲上的不同。得到各二级指标标准化后的数据，以因子总得分为系数相乘后加总，得到西部各地区公共服务供给能力结构分项的评价，如表4-20、表4-21、表4-22、表4-23所示。

（一）社会保障供给能力评价

分项能力评价中的因子分析采用的是全国31个省、自治区和直辖市的数据，由于原始数据的标准化处理意味着综合得分水平定为零点。由下表4-20可知，只有四川的社会保障供给能力在西部地区处于全国平均水平之上。总体来说，西部政府社会保障供给能力不足。

表4-20　社会保障供给能力评价

地区	二级指标标准化后的数据				社会保障供给能力	排名
	x_1	x_2	x_3	x_4		
四川	0.741	0.576	0.140	1.933	0.214	1
重庆	-0.342	-0.162	0.140	-0.409	-0.044	2
陕西	-0.418	-0.349	-0.427	-0.148	-0.048	3
云南	-0.732	-0.528	-0.573	0.282	-0.072	4
贵州	-0.810	-0.717	-0.660	0.938	-0.176	6
甘肃	-0.835	-0.748	-0.736	-0.401	-0.144	5

就西部地区来说，社会保障供给能力评价从高到低的地区为四川、重庆、陕西、云南、甘肃、贵州。与社会保障供给能力相关的四个二级指标分别为年末参加城镇职工基本养老保险人数x_1、城镇基本医疗保险参保人数x_2、年末参加工

伤保险人数 x_3、社会保障和就业财政支出 x_4。从表4-20中可知，四川的四项指标都处于全国平均水平之上，社会保障工作落实很好；重庆、贵州、甘肃三个地区的这四项指标都处于全国平均水平之下；而云南和陕西的社会保障和就业财政支出充足，但各项保险的参保人数不够。

（二）基础教育供给能力评价

分析显示，西部六个省、直辖市的基础教育供给能力均处于全国平均水平之上，这也解释了为什么在本书公共服务满意度问卷分析中西部公众普遍认为当地政府做得最好的公共服务项目是义务教育。（见表4-21）

表4-21 基础教育供给能力评价

地区	二级指标标准化后的数据				基础教育供给能力	排名
	x_5	x_6	x_7	x_8		
四川	1.187	-0.298	2.042	0.671	0.249	1
重庆	1.470	0.784	-0.454	-0.658	0.093	4
陕西	0.857	1.976	-0.159	0.107	0.176	2
云南	-0.019	-0.672	0.933	-0.062	0.004	6
贵州	1.499	-0.303	0.916	-0.447	0.114	3
甘肃	0.669	1.127	0.136	-0.783	0.080	5

就西部地区比较，基础教育供给能力评价从高到低的地区为四川、陕西、贵州、重庆、甘肃、云南。与基础教育供给能力相关的四个二级指标分别为普通高中师生比 x_5、普通初中师生比 x_6、普通小学师生比 x_7、教育财政支出 x_8。从

表4-21中可以看出,基础教育供给能力相对较弱的重庆、甘肃、贵州,其主要影响因素是教育财政支出不足,远低于全国平均水平。

(三)医疗卫生供给能力评价

在医疗卫生供给能力评价中,只有甘肃的医疗卫生供给能力处于全国平均水平之下。总体来说,西部政府医疗卫生供给能力评价较高。(见表4-22)

表4-22 医疗卫生供给能力评价

地区	二级指标标准化后的数据					医疗卫生供给能力	排名
	x_9	x_{10}	x_{11}	x_{12}	x_{13}		
四川	1.625	1.628	-0.538	-0.486	1.276	0.293	1
重庆	-0.595	-0.492	-0.666	-0.452	1.144	0.002	5
陕西	-0.073	-0.122	-0.014	-0.501	0.285	0.006	4
云南	0.309	0.068	-0.803	0.618	0.681	0.073	3
贵州	-0.308	-0.473	-1.090	0.845	1.435	0.021	2
甘肃	-0.600	-0.692	-0.543	0.380	0.245	-0.059	6

就西部地区而言,医疗卫生供给能力评价从高到低的地区为四川、贵州、云南、陕西、重庆、甘肃。与医疗卫生供给能力相关的五个二级指标分别医疗卫生财政支出x_9、医疗卫生机构数x_{10}、每千人口卫生技术人员数x_{11}、出生率x_{12}、死亡率x_{13}。就甘肃而言,从表4-22中看出,其医疗卫生供给能力不足的原因主要是关于医疗的财政支出不够足、医疗机构数量少、缺少技术人员。

（四）公共环境供给能力评价

分析显示，重庆、四川的公共环境供给能力处于全国平均水平之上，另外四个地区公共环境供给能力不足。（见表4-23）

表4-23 公共环境供给能力评价

地区	二级指标标准化后的数据							公共环境供给能力	排名
	x_{14}	x_{15}	x_{16}	x_{17}	x_{18}	x_{19}	x_{20}		
四川	0.367	-0.202	0.187	0.639	-0.595	-0.293	-0.134	0.015	2
重庆	-0.876	-1.296	-0.407	-0.111	-0.191	2.513	-0.571	0.112	1
陕西	1.344	0.520	-0.591	0.397	-0.076	-0.026	-0.589	-0.091	3
云南	-0.464	-0.853	-0.673	-1.115	-0.846	-0.478	-0.541	-0.191	4
贵州	-0.909	-0.997	-0.756	-1.189	-0.862	-1.657	-0.818	-0.259	6
甘肃	-0.562	-0.698	-0.799	-1.297	-0.817	-1.240	-0.782	-0.258	5

就西部地区来看，公共环境供给能力评价从高到低的地区为重庆、四川、陕西、云南、甘肃、贵州。公共环境包括社会环境（x_{14}、x_{15}、x_{16}、x_{16}、x_{18}）和自然环境（x_{19}、x_{20}），虽然重庆是西部地区公共环境供给能力最好的地区，但是重庆的社会环境评价较低，关于社会环境的五项指标均为负。

第五章 西部地区地方政府公共服务能力要素分项评价研究

为了对西部地方政府的公共服务能力做出比较分析，我们对重庆、四川、云南、贵州、甘肃、陕西的基层政府公务员发放问卷，从这一特殊群体着手探讨公共服务能力构成要素。其中，包括了公共服务组织能力评价研究、决策能力研究、协调能力研究、沟通能力研究和监督能力研究，以及公共服务绩效评估研究。

本书在反复讨论的基础上，设计了"基层政府公共服务供给能力调查问卷"，在四川省成都市、重庆主城区和黔江区、贵州省遵义市、云南、甘肃、陕西等地发放该问卷600份，回收问卷592份，经过剔除无效问卷18份，最终有效问卷574份，有效回收率95.67%。问卷回收后，运用SPSS19.0对数据进行了录入和统计分析，样本基本情况如下表5-1：

表 5-1 样本基本情况

统计指标		比例(%)	统计指标		比例(%)
省份	重庆	7.46	工作年限	20 年及以上	20.4
	四川	14.93		15—19 年	14.4
	云南	16.72		10—14 年	14.1
	贵州	8.06		5—9 年	20.9
	甘肃	25.37		5 年以下	30.2
	陕西	27.46	政治面貌	中国共产党员（含预备）	73.2
性别	男	57		共青团员	11.2
	女	43		民主党派	2.2
年龄	25 岁或者 25 岁以下	10.99		群众	13.5
	26 岁到 35 岁	39.28	部门特点	综合协调部门	39.4
	36 岁到 45 岁	34.59		专业职能部门	44
	46 岁或者 46 岁以上	15.14		辅助服务部门	16.6
学历	研究生	10	职务级别	局级干部及以上	3.2
	本科	56.8		处级干部	10.5
	大专	27		科级干部	37.9
	高中、中专	6.2		普通科员	48.4
单位级别	区县政府	64.66			
	乡镇政府	35.34			

调查的对象在西部省份、性别、年龄、文化程度、政治面貌、工作年限、工作单位、部门特点、职务级别等各项内容上都有所分布，且分布比较均衡，基本覆盖各类居民，能够普遍反映西部地方政府公共服务供给能力现状。

第五章 西部地区地方政府公共服务能力要素分项评价研究

一、公共服务组织能力评价

(一) 行政组织及其公务员的价值观

公共服务组织能力要素,对公共服务供给效率有着关键性的作用。行政组织能力的高低取决于行政人员的行政价值观正确与否。如政府在提供社会救助过程中,必须考虑救助对象是遭受自然灾害、失去劳动能力的公民或者其他低收入公民,政府应当采取措施保障其最低收入水平,实现社会公平,以维护社会稳定。在调查问卷设计中,我们将各地区对行政组织及其公务员的价值观的认同度作为评价公共服务组织能力的指标之一。我们利用SPSS软件,对调查结果进行了频数分析,通过对各省、直辖市的对比发现每个目标省、直辖市之间对公共组织能力的重视程度有着明显差异。(见表5-2)

表5-2 各地区行政组织及其公务员价值观认同度比较

地区 选项		重庆 比例 (%)	四川 比例 (%)	云南 比例 (%)	贵州 比例 (%)	甘肃 比例 (%)	陕西 比例 (%)
行政组织及其公务员的价值观是影响公共服务供给能力的深层次因素	(1) 很同意	49.4	47	17.3	27.3	53.1	47.2
	(2) 较同意	34.5	47	44.2	40	24.5	40
	(3) 一般	12.6	4	25	30.9	20.4	12.8
	(4) 较不同意	3.4	1.3	13.5	1.8	2	0
	(5) 很不同意	0	0.7	0	0	0	0

从表5-2可以看出,针对"行政组织及其公务员的价值观是影响公共服务供给能力的深层次因素"这一问题,各省、直辖市公务员的同意程度有明显的差异性。重庆、四川、甘肃和陕西分别有49.4%、47%、53.1%、47.2%很同意这一看法,而相比之下,云南占有13.5%的公务员较不同意价值观在公共服务供给能力中的影响力,很同意这一看法的只占总数的17.3%,这说明云南基层公务员对价值观的重视程度远没有其他省、直辖市高。

行政组织的价值观和公务员的价值观是行政伦理中的重要组成部分,这直接影响到西部地方政府公共服务的供给能力。在涉及很多与老百姓切身利益的问题上,如义务教育、基本医疗、公共卫生、环境保护等公共服务项目,都需要政府以人民的根本利益为出发点,权为民所用,利为民所谋。

(二)行政组织中的行政职权

行政组织强调的是权、责、利的协调统一,行政职权涉及权力与利益的分配和占用,行政人员可以利用职权之便更好地提升公共服务的供给能力。行政职权是职责和权力的统一,在提供公共服务的过程中,职权的大小和权力结构关系都会对一个地区造成效益偏差。因此,我们在设计问卷的时候,将行政职权与公共服务供给能力成正比的认同度作为评价行政组织能力的一个指标。

第五章 西部地区地方政府公共服务能力要素分项评价研究

表 5-3　各地区行政职权认同度比较

	地区 选项	重庆 比例 (%)	四川 比例 (%)	云南 比例 (%)	贵州 比例 (%)	甘肃 比例 (%)	陕西 比例 (%)
行政职权与公共服务供给能力成正比	(1) 很同意	34.5	47.3	9.6	20.9	51	32.8
	(2) 较同意	35.6	28.8	23.1	44.5	22.4	46.4
	(3) 一般	17.2	21.9	50	31.8	12.2	19.2
	(4) 较不同意	9.2	1.4	0	2.7	8.2	0
	(5) 很不同意	3.4	0.7	17.3	0	6.1	1.6

调查访问中，通过行政职权和地方政府供给能力的关系评价，各省、直辖市公务员绝大部分都认为两者是成正比的关系，即行政职权越大，地方政府公共服务供给能力也越强。其中云南省有一半的人对于行政职权越大，供给能力越强这一看法持中立意见。但是，云南省中有17.3%的公务员不同意两者的正比关系，这和其他省、直辖市构成强烈的反差。

（三）行政组织文化

行政组织文化是一个庞大的概念系统，包括了行政组织心理、行政伦理和行政精神。政府提供公共服务，必须以服务公众的意识为价值观导向，坚持公平、公正、公开与公众参与，规范自身的行为，根据公众服务需要的变化调整文化机制。政府要保证公共服务的优质性，必须做到权为民所用，情为民所系，充分了解民众的诉求和愿景，从而让行政组织文化更加贴近民意。

表 5-4　各地区行政组织文化认同度比较

	地区 选项	重庆 比例(%)	四川 比例(%)	云南 比例(%)	贵州 比例(%)	甘肃 比例(%)	陕西 比例(%)
行政组织文化影响公共服务的有效发挥	(1) 很同意	42.5	46.2	3.8	26.4	57.1	25
	(2) 较同意	34.5	35.2	44.2	43.6	22.4	46
	(3) 一般	19.5	14.5	38.5	28.2	18.4	23.4
	(4) 较不同意	2.3	2.8	9.6	0.9	0	5.6
	(5) 很不同意	1.1	1.4	3.8	0.9	2	0

根据调查问卷得出的数据，云南省中的调查对象很同意"行政组织中的组织文化影响公共服务的有效发挥"这一看法的仅占总体的 3.8%，而四川、重庆、甘肃三地约一半的调查对象非常同意这一观点，贵州和陕西约有 25% 的调查对象是很同意这一观点。

（四）学习型组织

彼得·圣吉将"学习型组织"的含义界定为"不断创新、进步的组织。"[1] 如果行政组织按照传统的官僚式制度来运行，而不结合基层民众实际的公共服务诉求，将很难在公共服务供给能力上有所突破。在行政组织中建立学习型组织是行政组织文化的一个创新，学习型组织与公共服务供给能

---

[1] 娄成武：《现代管理学原理（第三版）》，中国人民大学出版社 2011 年版，第 56 页。

力有很大的相关性，行政组织可以建立一个致力于为公众提供优质的公共服务的共同愿景，同时需要组织中的公务员转变官本位、权力本位的观点，致力于建立一个良好的服务形象。

调查中，我们发现基层公务员公共服务能力绩效评估一般都会与学习能力挂钩，而西部地区各省、直辖市都会采用不同的培训方式去培养公务员的学习能力。

表 5-5　各地区学习型组织认同度比较

	地区 选项	重庆 比例(%)	四川 比例(%)	云南 比例(%)	贵州 比例(%)	甘肃 比例(%)	陕西 比例(%)
学习型组织的行政组织公共服务能力强	（1）很同意	35.6	48	5.8	30.9	47.9	31.2
	（2）较同意	43.7	32.4	48.1	35.5	31.3	44
	（3）一般	11.5	14.2	38.5	26.4	20.8	21.6
	（4）较不同意	4.6	4.1	5.8	6.4	0	2.4
	（5）很不同意	4.6	1.4	1.9	0.9	0	0.8

如表5-5，除云南省以外，其他各省、直辖市有30%以上的公务员对于"学习型组织的行政组织公共服务能力强"都持很同意的观点，而云南省仅有5.8%的公务员表示很同意，绝大部分的观点集中在较同意和一般同意上。四川和甘肃相对于贵州、重庆、陕西而言，将近约有一半的公务员非常同意学习型组织对行政组织公共服务的作用，这说明四川和甘肃对于学习型组织的建设更加重视。

(五）行政组织成员

作为行政组织中最重要的组成部分，公务员的个人素质对组织的公共服务供给能力的有效发挥起到了不可忽视的作用。政府在提供优质的公共服务的同时，还必须严格规范公务员队伍。公务员的个人素质包括优良的政治素养、先进的思想观念、合理的知识结构和较强的工作能力，以及稳定的心理素质。从提供公共服务的角度看，公务员必须树立服务意识和亲民意识，积极主动的向公众靠拢，才能提供高效率的公共服务。

表 5-6 各地区公务员素质认同度比较

	地区 选项	重庆 比例(%)	四川 比例(%)	云南 比例(%)	贵州 比例(%)	甘肃 比例(%)	陕西 比例(%)
公务员的个人素质决定组织的公共服务供给能力的有效发挥	（1）很同意	44.8	43	26.9	31.8	53.1	36.8
	（2）较同意	37.9	31.5	30.8	40	26.5	34.4
	（3）一般	11.5	16.1	36.5	24.5	20.4	28
	（4）较不同意	4.6	7.4	3.8	3.6	0	0.8
	（5）很不同意	1.1	2	1.9	0	0	0

在调查访问中，各省、直辖市对"公务员的个人素质决定组织的公共服务供给能力的有效发挥"这一观点大都持同意态度，同意的程度差异性不大，甘肃省有将近 53.1% 的受访公务员很同意这一观点。由此可知，西部六个省、直辖市中的基层公务员对自身个人素质的重视。

（六）公共服务组织能力比较

问卷题型为选择题和评分题，少数为评分题，根据被调查者赞同程度打分，多为选择题，根据被调查者自己的主观同意程度勾选。量化使用5分制，具体指标量化情况如下表5-7所示。

表5-7 同意度的量化分值

分值	赞同程度
5	很同意
4	较同意
3	一般
2	较不同意
1	很不同意

表5-8 各地区组织能力排名

	重庆	四川	云南	贵州	甘肃	陕西
（1）组织价值观	4.296	4.383	3.653	3.928	4.287	4.344
（2）组织职权	3.883	4.209	3.077	3.833	4.037	4.088
（3）组织文化	4.147	4.223	3.343	3.937	4.323	3.904
（4）学习型组织	4.011	4.218	3.504	3.894	4.271	4.024
（5）组织成员	0.011	0.02	0.019	0	0	0
平均得分	3.2696	3.4106	2.7192	3.1184	3.3836	3.272
排名	4	1	6	5	2	3

通过对各个指标的量化分析，分别得出了各个地区最后的平均得分，统计结果采用5分制，最后按照平均得分排名。由表5-8可知，四川省的公共服务组织能力得分最高，甘肃、陕西和重庆地区得分差距不大，云南的平均得分为2.7192，

远远落后于其他地区。

二、公共服务协调能力评价

(一) 资源的整合与配置

地方政府在公共服务上的协调能力主要体现在对资源的获取、整合和调配能力上。如政府在提供基本的医疗保险过程中,应该根据各个地区不同的医疗条件做出相应的医疗资源的整合和配置计划,以保证落后地区也能够享有优良的医疗资源。我们通过在调查问卷中设置相关的问题选项,分别对各省、直辖市的基层公务员发放问卷,从而比较分析出各地区协调能力的差异性,如表5-9:

表5-9 各地区资源整合配置的认同度比较

	地区 选项	重庆 比例 (%)	四川 比例 (%)	云南 比例 (%)	贵州 比例 (%)	甘肃 比例 (%)	陕西 比例 (%)
整合资源主要是和职能部门的统筹合作	(1) 很同意	36	50.7	23.1	27.3	53.1	31.7
	(2) 较同意	40.7	38.5	26.9	40	22.4	43.1
	(3) 一般	19.8	10.1	40.4	30.9	18.4	23.6
	(4) 较不同意	2.3	0	9.6	1.8	6.1	1.6
	(5) 很不同意	1.2	0.7	0	0	0	0
配置资源主要是体现在指挥协调控制方面	(1) 很同意	36.8	49.7	17.3	25.5	58.3	30.6
	(2) 较同意	41.4	35.6	44.2	36.4	27.1	42.7
	(3) 一般	18.4	14.1	25	34.5	8.3	25
	(4) 较不同意	3.4	0	13.5	3.6	6.3	1.6
	(5) 很不同意	0	0.7	0	0	0	0

第五章　西部地区地方政府公共服务能力要素分项评价研究

对回收问卷进行分析整理，针对地方政府的协调能力做出比较分析，由表5-9可以得出，四川和甘肃两地分别有50.7%、53.1%的受访公务员很同意整合资源主要是和职能部门的统筹合作，而云南地区仅有23.1%的受访者很同意这一观点，并且云南省有40.4%的受访者对这一观点持一般同意的态度。重庆、贵州、陕西地区对于整合资源的看法大体一致。另外，我们还设置了"配置资源主要是体现在指挥协调控制方面"的观点来评价各地区的提供公共服务的协调能力。数据显示，四川、甘肃同样是以49.7%、58.3%的较高比例排在靠前的位置，这说明四川、甘肃两地对于资源的整合和配置能力都要高于其他地区，相比其他省、直辖市，云南省有9.6%的受访者较不同意统筹资源是和职能部门统筹合作这一观点，并且有13.5%的受访者对配置资源主要是体现在指挥协调控制方面持较同意的观点。由这两个统计数据可知，四川、甘肃的地方政府更加重视公共服务的统筹协调能力，而云南省相比于其他地区，对于地方政府的公共服务统筹协调能力不够重视。

（二）公共服务部门配合程度

评价地方政府的公共服务协调能力不仅重视统筹整合资源的能力，同时还应该重视公共服务部门之间的配合，这样可以使公共服务资源得到全面的利用。如政府在制定公租房政策过程中，需要改革、监察、财政、国土资源、规划等有关部门相应的配合和协作，这样才能保证公共产品更加合理地分配到公民手中。为此，我们在问卷中设置了相关的问题，通过剔除无效数据，可以得出表5-10。

表5-10 公共服务部门配合程度比较

地区 选项		重庆 比例(%)	四川 比例(%)	云南 比例(%)	贵州 比例(%)	甘肃 比例(%)	陕西 比例(%)
您认为公共服务供给各部门之间的配合程度如何	（1）非常好	12.9	7.4	13.5	0.9	0	10.5
	（2）比较好	29.4	51.7	34.6	22.7	32.7	33.9
	（3）一般	44.7	36.9	26.9	67.3	51	53.2
	（4）比较差	10.6	2.7	21.2	7.3	14.3	2.4
	（5）非常差	2.4	0.7	3.8	1.8	2	0

表5-10的数据表明，云南的受访者认为所在地区公共服务供给部门之间的配合程度非常好，这一比例是最高的，其次是重庆。但是，云南也有21.2%的受访者认为所在地区公共服务供给部门之间的配合程度比较差，这一方面说明公众的评价带有很大的主观性；另一方面也提示我们，若仅看某一指标是很难全面反映出地方政府公共服务供给能力的实际情况的，因此，对地方政府公共服务供给能力的评价需要多方面综合起来考察和评价。该组数据还表明公共服务供给部门之间的配合能力在公共服务供给中的重要作用。例如，公共服务公众满意度偏低的贵州、甘肃，其公共服务供给部门之间的配合能力的评价也是偏低的。

（三）第三部门与公共服务供给

对地方政府公共服务协调能力的评价，不仅仅局限在供给部门之间的配合，还应该由内向外，充分调动第三部门的积极性。第三部门在提供公共服务的过程中可以有效地弥补政府行为失效所带来的不足，通过与政府的合作，提高地方政府的整体服务能力。如在社会救助这一环节中，单是靠政府的力量去帮助弱势群体会给财政带来一定的负担，政府倡导非营利性组织能够与其一同合作提供救济服务。因此，第三部门的"非营利性"与政府组织以"公共利益"作为行为价值取向的目标是一致的。

表 5-11 各地区第三部门在公共服务供给中的作用比较

在公共服务的供给中		重庆 比例(%)	四川 比例(%)	云南 比例(%)	贵州 比例(%)	甘肃 比例(%)	陕西 比例(%)
第三部门与政府	（1）密切合作	21	15.3	25.5	1.9	8.2	31.4
	（2）少量合作	70.4	79.3	62.7	91.7	83.7	62
	（3）没有合作	6.7	5.3	9.8	6.5	8.2	6.6
第三部门的作用	（1）替代政府	11	10.3	35.3	0.9	4.1	1.6
	（2）提供了部门服务	46.3	58.2	37.3	34.9	24.5	57.3
	（3）提供了少量服务	24.4	25.3	3.9	42.2	40.8	22.6
	（4）没有提供	0	1.4	0	0	0	3.2
	（5）不知道	18.3	4.8	23.5	22	30.6	15.3

项目组针对"第三部门与政府在公共服务供给中的合作与密切程度"设计了问卷选项，在剔除无效数据之后，对各

地区的受访数据进行分析整理。如表 5-11 所示，六个地区中有大部分的受访者认为所在地区的第三部门在公共服务的供给中有少量合作，云南省以 25.5% 的最高比例认为两者有密切合作。同时云南省有 35.3% 的受访者认为第三部门有替代政府的作用，这个比例远远高出其他地区，这表明云南第三部门不仅更多地参与到提供公共服务中去，而且也发挥了巨大的实际作用。

三、公共服务沟通能力评价

在当代公共行政管理中，为了取得良好的行政管理效益，必须确保行政体系的有效沟通。这样有利于提高行政决策的科学化和合理性。随着行政环境的变化，政府失灵所带来的消极影响要求政府应当重视沟通能力的提高。社会治安不稳定、食品卫生安全问题、环境保护问题等社会问题的出现，需要政府有着良好的公共服务沟通能力加以应变，这样才能发挥行政体系整体合力的作用。

问卷中，关于地方政府公共服务沟通能力的问题提及不多，主要考虑到在决策能力分析中已经涉及部分沟通能力评价问题，所以评价沟通能力主要是参照决策能力的数据。此外，项目组在问卷中设置了关于汲取资源主要是与上级部门的沟通这一问题，得出表 5-12 的数据。

第五章　西部地区地方政府公共服务能力要素分项评价研究

表 5-12　公共服务沟通能力比较

	地区 选项	重庆 比例 (%)	四川 比例 (%)	云南 比例 (%)	贵州 比例 (%)	甘肃 比例 (%)	陕西 比例 (%)
汲取资源主要是与上级部门的沟通	(1) 很同意	41.4	45.3	9.6	27.3	38.8	25.6
	(2) 较同意	33.3	34.7	42.3	31.8	22.4	48
	(3) 一般	18.4	16	30.8	33.6	24.5	24
	(4) 较不同意	4.6	4	17.3	4.5	14.3	1.6
	(5) 很不同意	2.3	0	0	2.7	0	0.8

由表 5-12 可知，重庆、四川和甘肃地区有较大部分的受访者很同意这一观点，而与此相比，云南省仅有 9.6% 的受访公务员很同意，有 17.3% 的公务员较不同意，这个比例远远高出其他地区，这表明云南省在提供公共服务方面，没有重视与上级部门的沟通。

四、公共服务决策能力评价

项目组通过对调查问卷的分析整理，针对公共服务决策能力选取了几个问题，主要涉及地方政府做出决策的方式、程序，以及民众在公共服务决策中起到的作用等。通过这些问题，我们可以比较得出各省、直辖市的公共服务决策能力的差异性。

（一）决策的方式

政府在提供公共服务的过程中，选择一个切实可行的决策方式非常重要。实行公开听证制度、领导集中制、听取机关单位同事意见和请示上级,这些决策方式可以保证政府的决策可以客观地满足当下行政环境的需要。当然,针对不同行政环境,不同地区决策方式的侧重点不同,各地方政府必须考虑到何种方式可以最大限度地保证决策的科学性、合理性和可行性。

地方政府需要做出重大公共服务决策,可以实行公开听证制度,这种方式反映了民众公共服务的诉求,也是政治民主的有力体现。通过表5-13,可以看到四川、云南、陕西三个省份较多依靠听证制度来做出决策;而相比之下,通过领导集中制以提高办事效率这一方式所占的比例较小,其中云南省仅有7.7%的公务员认为自己部门是通过领导集中制的方式做出决策;此外,比较前两种方式,听取机关单位同事意见和请示上级的票数较少,而其中的甘肃省中有16.3%的受访公务员不是很清楚所在单位的决策方式。

表5-13 各地区部门的决策方式比较

	地区 选项	重庆 比例(%)	四川 比例(%)	云南 比例(%)	贵州 比例(%)	甘肃 比例(%)	陕西 比例(%)
如果您所在部门需要做出重大公共服务供给方面的决策,您认为应该	(1) 实行公开听证制度	53	73.6	67.3	49.5	46.9	71.4
	(2) 领导集中制,以提高办事效率	27.7	14.4	7.7	20.2	26.5	13.4
	(3) 听取机关单位同事的意见	6	4	5.8	14.7	8.2	10.1
	(4) 请示上级,以免犯错误	9.6	7.2	9.6	7.3	2	4.2
	(5) 不清楚	3.6	0.8	9.6	8.3	16.3	0.8

（二）行政决策中的公众参与环节

行政决策的主体不仅包括了政府部门，还包括公众、社会团体、科研机构等群体，其中，公众在决策环节中的作用是不容忽视的。在表达自己利益诉求的过程中，公众可以参与到公共服务的需求表达、资源配置、提供过程以及监督与评议，这些环节都可以更好地辅助政府做出科学可行的公共服务政策。

表 5-14　各地区公众参与决策的环节比较

	地区 选项	重庆 比例(%)	四川 比例(%)	云南 比例(%)	贵州 比例(%)	甘肃 比例(%)	陕西 比例(%)
一般情况下，公众有机会参与到公共服务供给的哪一个环节	（1）公共服务的需求表达	35.4	20.4	30	14	14.6	32.2
	（2）公共服务的资源配置	8.5	8.8	12	24.3	16.7	23.7
	（3）公共服务的提供过程	6.1	2.7	12	9.3	12.5	7.6
	（4）公共服务的监督与评议	39	60.2	36	23.4	29.2	22
	（5）没有机会	11	8	8	29	27.1	14.4

通过表 5-14 可以看出，重庆、陕西、云南地区的公众参与到公共服务供给的环节大多是在公共服务的需求表达和监督评议上，四川省有 60.2% 的民众能够参与到公共服务的监督和评议中，这说明四川省的民众在监督评议政府公共服务供给方面发挥了巨大作用，但是这也说明了四川在公共服务

的资源配置和公共服务的提供过程中没有充分发挥民众的参与作用；相比较而言，贵州、甘肃、陕西更加重视公共服务资源配置这一环节，不过这三个省份分别有29%、27.1%、14.4%的受访公务员认为公众是没有机会参与到公共服务供给的过程中去的。

（三）倾听民意的渠道路径

地方政府制定公共服务决策，应该结合自身的行政环境，确定一个最佳的渠道路径，甄选出切实可行的第一、第二和第三渠道路径，保证在第一渠道路径无法畅通的情况下，还能通过第二、第三渠道路径有效地传达民意。在新媒体时代的背景下，最主要的倾听民意的渠道是媒体和网络途径，这就要求政府能够及时公开政府信息，建设开放型政府，推荐政府业务电子化；同时加强培训和教育，逐步提高公民的现代信息化意识和通信技术水平。

倾听民意的渠道众多，项目组在设计问卷的时候充分考虑到了常规的方式，通过表5-15可以发现，各省、直辖市的受访公务员所在单位倾听民意的第一渠道有着明显差异，其中云南、贵州和陕西的第一渠道大部分是通过报纸和杂志，而重庆的第一渠道主要是集中在热线电话上，四川和甘肃主要是通过市民接待制度的渠道来倾听民意。总体看来，这六个省、直辖市较少通过意见信箱、投诉热线、人大、政协、信访意见和座谈会的渠道来倾听民意。

表 5-15 各地区第一倾听民意渠道比较

	地区 选项	重庆 比例(%)	四川 比例(%)	云南 比例(%)	贵州 比例(%)	甘肃 比例(%)	陕西 比例(%)
您所在的单位设置的第一项倾听民意的渠道	(1) 报纸、杂志	12.8	11.6	42.2	40.9	22.2	43.1
	(2) 广播、电视	19.8	18.4	22.2	31.8	6.7	19.8
	(3) 论坛网络	23.3	14.3	2.2	2.7	8.9	2.6
	(4) 热线电话	24.4	21.8	26.7	20	22.2	14.7
	(5) 下访、调研	8.1	5.4	4.4	2.7	11.1	11.2
	(6) 市民接待制度	8.1	25.2	0	0.9	24.4	5.2
	(7) 意见信箱、投诉热线	3.5	2.7	2.2	0.9	4.4	1.7
	(8) 人大、政协	0	0	0	0	0	0.9
	(9) 信访意见	0	0	0	0	0	0
	(10) 座谈会	0	0.7	0	0	0	0.9

(四) 政府对公共服务意见的回应

政府保证公众有一个良好的民意表达渠道的同时，对公共服务意见的回应力也是行政决策能力评价的指标之一。行政决策是一个动态的过程，确定一个公共服务议题之后，还需要具有积极的回应力。主要的回应方式包括现场办公和收取意见，选择何种方式取决于决策议题的性质和重要性，政府应该做到积极热情、主动回应，有条件的地区可以采用"首问责任制"，这一回应机制是一项可以提高行政效率的亲民制度。

表 5-16 各地区政府回应力

	地区 选项	重庆 比例(%)	四川 比例(%)	云南 比例(%)	贵州 比例(%)	甘肃 比例(%)	陕西 比例(%)
您所在的部门对于公众提出的公共服务意见如何回应	(1) 现场办公,答复民众	17.1	14.6	11.8	13.9	22.2	24.8
	(2) 收取意见,限时办理	71.1	76.4	52.9	46.3	64.4	58.7
	(3) 不理不问	0	1.4	11.8	9.3	0	1.7
	(4) 不清楚	11.8	4.9	23.5	28.7	11.1	12.4

民众提出的公共服务意见是直接反映其民意诉求的有效途径,地方政府如何回应民众不仅影响政府的公信力,同时也是检验政府办事效率的最显著的体现之一。表 5-16 可以说明,在各省、直辖市中,重庆、四川分别有 71.1%、76.4%的受访公务员认为本部门是采取了"收取意见,限时办理"的方式来回应民众,甘肃、云南、陕西分别有 64.4%、52.9%、58.7%受访公务员是采用了相同的方式。但是云南、贵州两地有一部分的受访公务员认为本部门对民众所提意见不理不问甚至并不清楚如何回应公众,这说明云、贵两地地方政府在回应民众公共服务诉求上没有其他省、直辖市重视。

如果是站在让民众满意的角度,以"现场办公,答复民众"的方式来回应民众是一个有效的方式,但是各省、直辖市用这种方式的仅有很少一部分,考虑到公共服务意见涉及范围广、影响因素众多,如何在短时间里给民众一个满意的答复也是对各个地方政府的重大考验。

第五章 西部地区地方政府公共服务能力要素分项评价研究

(五) 公共服务计划的制订

公共服务计划是公共服务决策的一部分，计划不是固定不变的，需要根据决策环境的变化而变动。提供优质的公共服务，需要政府做好大量的计划工作，保证计划的科学性和合理性。如政府在提供义务教育、基本医疗、公共卫生等公共服务的过程中，需要根据当地实际情况制订相应的供给计划。

表 5-17 各地区公共服务计划比较

选项	地区	重庆 比例 (%)	四川 比例 (%)	云南 比例 (%)	贵州 比例 (%)	甘肃 比例 (%)	陕西 比例 (%)
您所在地区的政府有没有制订公共服务供给计划	(1) 有，较齐全	41.4	51.7	36.5	22.7	16.3	52.4
	(2) 有短期规划	16.1	36.7	19.2	45.5	24.5	23.4
	(3) 没有规划	1.1	3.4	9.6	3.6	4.1	1.6
	(4) 不清楚	41.4	4.8	34.6	28.2	55.1	21

制订行之有效的公共服务供给计划是衡量公共服务决策能力的重要指标，我们在调查问卷中设置了"所在地区政府有没有制订公共服务供给计划"这一问题，就是想通过公务员的视角来更加理性地评价政府的决策能力。表5-17中，四川和陕西分别有51.7%、52.4%的受访公务员认为所在地区政府有制订较全面的公共服务供给计划，重庆和云南分别有41.4%、36.5%的受访公务员认为所在政府公共服务计划齐全。同时可以通过表格反映的数据还可以了解到重庆和甘肃

两地有一半左右的受访者不清楚所在政府的公共服务计划供给情况。

五、公共服务监督能力评价

公共服务监督能力评价,是对地方政府公共服务组织、协调、沟通和决策能力的综合评价,对公共服务的监督,需要调动政府内部和外部关系,这里主要探讨的是组织外部民众如何通过参与公共服务决策来评价各地区的监督能力。在问卷中,我们将公共服务的监督和评议放在了公众参与公共服务供给的环节中,由表 5-14 的数据分析得出,四川省有 60.2% 的受访公务员选择了这一环节,这说明四川省在对公共服务监督和评议方面比其他地区更加重视。另外,重庆、云南分别有 39%、36% 的受访者选择这一环节,而甘肃、陕西和贵州以较低的比例位居其次,这说明甘、陕、贵三地需要充分发挥公众的参与作用以提高公共服务的监督能力。

第六章　西部地区地方政府提升公共服务供给能力的实践

一、政府购买公共服务：云南的探索

(一) 云南省地方政府购买公共服务的探索

在这个公民参与社会事务意识越来越强、政府不断探索新型工作方式的年代，政府"大包大揽""包打天下"的工作方式显然不再适合，亟须一种既能满足百姓需求，又能让政府顺利履行公共服务职能的工作方式。

于是，"政府向社会组织购买服务"这一新型工作方式浮出水面。政府购买服务的举措正在我国更多领域推开，并已成为各类政策性文件中的热词。在这样的时代背景下，云南省从2009年开始了基层政府购买公共服务的探索。

2009年，云南省率先在昆明、红河两地的市政公用事业、民政事业、城市社区卫生服务、机关后勤等领域进行政府购买公共服务的试点,并计划在试点的基础上,再向省逐步、稳妥推进。云南省提出了各级政府推行政府购买会议接待等服务工作,切实减少财政供养人员的增量,实现财政资金由"花钱养人"向"花钱办事"转变。

2011年6月云南省在2009年的试点工作基础上继续扩大推行政府购买公共服务,将公共服务、后勤服务等事务,委托给有条件的企业、社会中介或其他组织履行,切实降低服务成本,提高服务质量。并下发了《云南省人民政府关于公共资源交易中心建设的指导意见》《云南省人民政府关于加快推进和规范全省政务服务中心建设的意见》,提出构建覆盖城乡的州(市)、县(市、区)、乡镇(街道)、村委会(社区)四级政务服务网络体系。

2011年云南省政府购买公共服务再添亮点。省级行政事业单位聘用会计、造价咨询、资产评估等中介服务,社会中介组织服务首次纳入政府购买公共服务范畴。

(二)云南省地方政府购买公用服务的特点

1. 科学布局,以点带面推行

云南省在探索政府购买公共服务中科学布局,选择昆明、红河两地进行试点工作,试点地区的政府购买服务的主要范围和领域是,按照要求确定部分省级机关在信息网络服务、培训教育、会议接待、后勤服务等领域进行试点,凡符合政府购买服务的事项,均可纳入政府购买服务范围。事业单位

第六章　西部地区地方政府提升公共服务供给能力的实践

将配合改革，推行政府购买服务工作。与此同时，政府购买服务的方式将纳入政府采购管理，具体事项向社会公布，以公开招标的方式确定服务供应方。服务供应方确定后，由购买服务的单位与服务供应方签订正式政府购买服务的合同，合同期限原则上不超过3年。2010年云南省节约会议等经费近2亿元，在此基础上推行政府购买公共服务，并将政府购买公共服务的试点工作推向全省。

2. 功能定位，实施联动服务

为确保云南省政府购买公共服务的顺利开展，云南省实施联动服务，具体包括：（1）建立公共资源交易中心，目的是确保工程建设招投标、矿产资源开发、土地开发转让、国有资产处置、政府采购、药品招投标等公共资源交易全部进场交易和管理；以科学、严格、高效、透明的运行管理为核心，进一步健全各类公共资源分类交易实施细则，强化交易行为的监控，促进日常管理、行业监督和行政监察的无缝连接，实现中心的健康规范运行。（2）政务服务，导入ISO9000质量管理体系，积极开展政务服务中心标准化建设试点，把政务服务中心和部门服务大厅（窗口）建设成为集行政审批、政务服务、政务公开、行政投诉四大功能为一体的政务服务平台，不断提高中心运行水平和服务质量。（3）政务公开，录播部分听证会，进一步扩大政务信息公开的范围，创新公开方式，将采取选择录播部分质量高、效果好、反响大的重大决策听证会议的方式，扩大政务信息公开的社会影响面和公众互动面。同时,还启动建设"政务信息岛",打造离百姓最近的政务信息查询平台,不断丰富政府信息查询方式,透明政府购买公共服务信息。

3. 购买中介组织服务

政府购买公共服务再添亮点,省级行政事业单位聘用会计、造价咨询、资产评估等中介服务,将中介组织首次纳入政府购买范围。云南99家通过公开招标入围的会计师事务所、造价咨询机构和资产评估机构将在2年内承担起云南省省级行政事业单位委托的相关服务工作,涉及会计、审计、绩效评价、造价咨询、资产评估、项目预(结)算、决算评审、财政专项资金检查等相关服务项目。由于是首次对全省省级单位的中介服务进行招标,云南省招标采购局认真策划招标方案,精心组织招标评标等各项工作。

(三)云南省政府购买公共服务的意义

1. 降低公共服务成本,提高服务质量和效率

服务型政府的目标是建立一个高效、精简、为公民提供优质公共服务的政府。而政府购买公共服务是在公共服务的生产管理环节引入了竞争机制和合作机制,弥补了传统的公共服务提供模式的不足,通过契约化购买有利于购买过程的透明化和公平化,同时节约行政成本,有利于政府职能的转变和提升公共管理能力,而这些举措都是建设服务型政府的基本要求。同时,政府公开招标购买公共服务,选用专业团

第六章　西部地区地方政府提升公共服务供给能力的实践

队进行生产管理，能了解百姓需求并及时提供高质量的服务。

2. 提供公共服务的新方向，具有公共服务创新示范意义

云南省政府购买公共服务使政府从生产中分离出来，转变为公共服务提供协调者、监督者和合作者，打破了政府"一元化服务模式"。作为政府提供公共服务的新方向，政府购买公共服务在云南的探索已取得了初步成效，2010年云南会议、庆典、论坛和出省考察经费分别压缩了20%以上，全年节约经费近2亿元。作为西部公共服务提供模式的一种创新，云南省政府购买公共服务呈现出专业化和多元化的发展趋势，已经成为公共服务提供的重要组成部分，为西部乃至其他省级政府公共服务供给提供理论基础和现实意义。

3. 推动政府机构改革，发挥社会组织作用

云南推行的政府购买公共服务使政府部门从大量公共服务中"抽身"出来，从"事无巨细全方位包办"的全能型政府，转变为主要提供最核心、最优势公共服务的有限型政府。一方面精兵简政，降低行政成本；另一方面有利于打破政府、事业单位和国有企业对大多数公共服务的垄断局面，降低社会组织（包括民营企业）从事公共服务的门槛，以此强化公共服务领域的竞争。不仅如此，政府在市场中购买公共服务，使社会组织将大量公共服务"接手"过去，这为社会组织从事公共服务创造了更加宽松的环境，活跃了市场竞争主体，也给社会中非营利组织参与社会管理提供了平台。

二、重庆：政府为农民"购买"公共卫生服务[①]

长期以来，农村公共卫生工作开展困难，无法满足农民的卫生需求。重庆市作为最年轻的直辖市，集大城市大农村为一体，农村公共卫生服务自然成为亟须改善的问题。重庆在提高农民公共卫生服务方面做出了探索和尝试，以政府为农民"购买"公共卫生服务的方式，推行"公共卫生服务券"，农民持"服务券"享受免费服务，实现农村公共卫生从有偿向无偿，从补贴乡镇卫生院、村卫生室向直接补贴普通群众转变，一向薄弱的农村公共卫生服务得到改观。

（一）服务券倒逼医院提高服务水平

长期以来，各地农村公共卫生服务由卫生医疗机构有偿提供，服务对象要缴纳一定费用。政府公共卫生经费也不直接补贴群众，而是补助卫生机构。医院间没有竞争，居民也无选择权。而重庆创新性地提出了"服务券"，农民凭券免费享受公共卫生服务的提出，源于重庆市近年来推行的"公共卫生服务券"制度：把以前政府对卫生院的经费补助，改为以"服务券"的形式直接发到农民手中，农民持券免费享受公共卫生服务。"服务券"覆盖儿童免疫、体检、孕妇产前检

[①] 参考新华网同名文章改写、分析，http：//politics.people.com.cn/GB/14562/13243103.html，2010年11月17日。

第六章 西部地区地方政府提升公共服务供给能力的实践

查、产后访视、慢性病管理、建立健康档案等各类项目。

以前搞农村公共卫生服务，虽然也划定了包干区块，确定了责任医生，但因缺乏激励机制，卫生机构没有提供卫生服务的积极性。黔江区卫生局副局长张怀生坦言，"有的医生甚至半道上把疫苗给扔了，回来却说已经给群众接种了，单位也不愿去追究"。而"服务券"的一大效果就是倒逼医院提高服务水平。现在公共卫生服务人员的工作业绩，最终要通过回收多少"服务券"来体现。"服务券"没有标注特定医疗单位，农民拿着它可以到区内任何一家承担医疗单位使用。农民对哪家不满意，可以到其他地方去，这就逼着它们去提升服务质量。

"服务一次，就收回一张券或刷卡一次。"在九龙坡区白市驿社区卫生服务中心海龙社区卫生站，75岁的梁真华拿着一本7张的券，检查一次就撕一张。负责检查的吴医生在券上签名并按下手印。吴医生说，"公共卫生服务券"就是医生的"签到表"，做没做工作，一查就知道。

"儿童计划免疫接种和孕产妇管理等项目，乡镇卫生院以前也做，但主要是医务人员'坐堂候诊'，而'服务券'制度实施后，就迫使医疗机构主动服务。因为'服务券'回收数量的多少，直接和乡镇卫生院的公共卫生服务考核和经费划拨挂钩。"渝北区卫生局副局长胡容说，背起医药箱走进百姓家，成为基层卫生院公共卫生服务人员的工作常态。

（二）政府花小钱办好了民生大事

政府提供"服务券"的支出其实并不多，但却扎扎实实地为农民解决了大问题。南岸区卫生局业务科科长李云川说，近三年来，南岸区每年都集中为农民工、城乡低收入人群、高龄老人提供免费体检，平均每人花费在100元以内，财政每年的支出也就300多万元，地方财力完全能够承受。

但是这笔"小钱"对普通老百姓却有不同的含义。南岸区南坪镇农民周成润是一名心脏病患者，他说，在没有"服务券"之前，到医院做一次体检都要花上一二百元，现在这笔钱完全由政府"埋单"，心里踏实了不少。

"公共卫生服务券"让原本非常薄弱的农村公共卫生事业得到了改观。以前因为要花钱，很多农民都不愿接受公共卫生服务，儿童疫苗接种、产前检查、产后访视都很难开展，现在有了"服务券"，大大增强了农民卫生保健意识，也真正激活了农村卫生运行机制，强化了政府的公共卫生服务职能。

（三）政府为农民"购买"公共服务的意义

重庆市推行的"公共卫生服务券"模式，对公共卫生服务提供和投入方式进行了创新，转变了公共卫生服务经费投入方式，提高了经费的使用效率，使乡镇卫生院和防保人员产生了激励机制和制约机制，能有效地提高农村卫生服务水平。

此外,"公共卫生服务券"的推行能有效地解决政府缺位和越位问题。创新公共卫生服务投入机制、供给方式使政府的公共卫生职责从原来的口头表示变成了直接参与,公共卫生服务券制度的推行,不仅提高了政府对公共卫生工作的认识、政府的公共卫生职责,而且还增强了农民的卫生保健。

三、贵州:多部门提供基础教育公共服务

我国改革开放以来逐渐加剧的东西部差距,不仅表现在经济发展水平和居民收入水平上,而且还表现在社会保障、公共卫生、教育制度等方面。而教育是一个国家持续发展的关键,尤其是在西部地区教育水平发展明显滞后于中东部的情况下,西部省份更应该努力创新基础教育公共服务的提供,而贵州作为西部发展教育服务的典型,推行多部门携手提供并保障基础教育公共服务。

(一)贵州"9+3"教育计划

贵州"两基"工作于2009年通过了国家督导评估验收,基本解决了义务教育阶段适龄儿童"有学上"的问题。但由于基础薄弱、欠账较多等多方面原因,全省义务教育仍然处于低水平、不稳固、易反复阶段,突出表现在一些地方的义务教育阶段学生辍学率大幅反弹。同时,随着贵州省工业化、城镇化、农业现代化进程加快,技能型人才短缺的问题日益

凸现。推进义务教育均衡发展，大力发展现代职业教育显得十分重要和紧迫。为此，贵州省委、省政府经过充分调研、论证和反复测算，决定从 2013 年开始，投入 116 亿元实施该计划，将之列为全省"十大民生工程"之一，并决定削减各级行政开支的 5% 帮助计划全面实施。赵克志书记要求全省勒紧裤带，集中投入到教育上，举全省之力，从多个方面共同着手、共同努力把这项战略举措做好，因此决定实施教育"9+3"计划（巩固提高九年义务教育和实行三年免费中等职业教育），具体包括以下几个方面：

1. 目标任务

（1）巩固提高九年义务教育水平。到 2015 年，以县为单位，小学生辍学率控制在 1.8% 以内；初中生辍学率控制在 2.8% 以内，九年义务教育巩固率达 85% 以上，办学经费得到保障，义务教育学校符合办学标准，开齐开足国家规定课程，基本消除城镇"大班额"，教师整体素质大幅提升，教育教学质量进一步提高，60 个以上县（市、区、特区）实现县域内义务教育初步均衡。

（2）实行三年免费中等职业教育。2013—2015 年，中等职业教育每年完成招生计划 27 万、30 万、33 万人。从 2013 年秋季学期起，免除省内中等职业教育在校学生学费，60% 以上中等职业教育学生享受国家助学金。到 2015 年，普通高中和中等职业学校在校生人数比例达到 1∶1，规模分别达到 85 万人，高中阶段毛入学率达到 85%，以县为单位基本普及高中阶段教育。

2. 重点工作

（1）加快推进义务教育阶段教育信息化。采取"政府引导、社会参与、市场运作、教企结合"的模式加快推进义务教育阶段教育信息化建设，以弥补教师短缺问题。坚持"硬件与软件并举""投入与管理并重"的工作方式，加快省优质数字教育资源管理中心的建设，完善配套教学服务体系，充分运用信息化手段改进教学方法，实施义务教育质量提升工程，提高学生学习效率。

（2）建立健全义务教育"控辍保学"工作长效机制。认真落实"控辍保学"双线目标责任制，省、市（州）、县（市、区、特区）、乡（镇）政府及教育部门，每年初层层签订"控辍保学"责任书。建设中小学学生学籍信息管理系统，健全学生在校学习和成长记录档案，动态掌握中小学生流动和辍学情况，形成学校—县（市、区、特区）教育局—市（州）教育局—省教育厅四级网上联动管控机制。

（3）扩大中等职业学校办学规模。加快建设一批重点和示范中等职业学校，切实提高办学能力。利用省外优质资源，开展东西部合作办学，每年选送3万名以上学生到省外免费接受优质中等职业教育。大力发展民办职业教育，在用地、税收、招生和学生资助等政策方面对民办中等职业学校与公办学校一视同仁。加大对民办中等职业教育的奖补力度，充分调动社会力量参与和支持职业教育发展的积极性，形成多元化办学格局。

(4) 加强义务教育和中等职业教育师资队伍建设。建立健全县域内校长和教师定期轮岗交流机制，促进师资合理配置。同时发挥优秀教师的引领作用，通过实施"职业院校教师素质提高计划"，加强在职教师继续教育和业务培训，有计划地选派教师到企业实践锻炼。拓宽教师引进渠道，从行业、企业生产实践一线特聘兼职教师，努力建设一支数量充足、结构合理、质量优良的中等职业教育专兼职师资队伍；积极支持中等职业学校与高等院校、大中型企业共建"双师型"教师培养培训基地。进一步完善职业学校教师专业技术资格评价制度，针对文化课教师、专业课教师和实习指导教师分别制定评价标准，实行分类评审。

3. 多部门携手合作

贵州省实施的"9+3"教育计划工作涉及多个方面多个部门，需要各层级政府、各职能部门通力合作，认真履行职责，扎实推进"9+3"计划的组织实施。

省教育厅：牵头负责全省实施"9+3"计划，制订"9+3"计划实施细则，建立实施"9+3"计划责任分解考评机制。健全完善九年义务教育、中等职业教育学生学籍信息管理系统；会同财政部门制定实施"9+3"计划所需资金保障方案，会同发展改革、财政等部门组织实施中等职业学校基础能力建设，做好中等职业学生免学费、贫困生资助和项目规划编报工作，积极争取国家投入和项目扶持政策。

第六章 西部地区地方政府提升公共服务供给能力的实践

省财政厅：积极主动筹措实施"9+3"计划所需资金，会同教育、发展改革部门积极争取国家发展和改革委、财政部、教育部大力支持，会同教育部门制定中等职业学校学生人均公用经费标准。

省发展和改革委：将"9+3"计划纳入社会发展总体规划，积极争取国家中等职业学校基础能力建设项目和资金支持。

省民政厅：督促指导各地及时做好流浪未成年人和符合城乡社会救助条件的学生救助工作。

省人力资源社会保障厅：督促各地落实教师队伍建设的有关政策规定，统筹利用好技工学校资源和指导办好技工学校；会同有关部门依法查处非法招用童工的单位和个人。

省监察厅：按照相关规定对"控辍保学"工作不力的相关责任人进行约谈和依法依规追究责任。

省经济和信息化委、省国资委：引导监管企业与中等职业学校建立完善工学结合、校企合作办学模式，推动职业院校开放办学。

省审计厅：对实施"9+3"计划资金使用进行监督、审计。

省国土资源厅：保障实施"9+3"计划建设用地。

省住房城乡建设厅：会同教育部门充分利用国家保障房政策妥善解决好农村中小学教师住房困难问题。

省农委：指导各级各类职业学校办好现代农业类专业。

省编委办：督促指导下一级政府和编制部门落实各级各

类学校教职工编制，足额配齐各类教师。

共青团、妇联等部门：协同做好留守儿童和进城务工人员随迁子女关爱工作。

市（州）人民政府：负责辖区内"9+3"计划的组织实施，督查考核所辖县级人民政府履行职责情况。

(二) 贵州"9+3"教育计划意义

贵州省教育基础薄弱，义务教育仍然处于低水平、不稳固、易反复阶段，突出表现在一些地方的义务教育阶段学生辍学率大幅反弹。而"9+3"计划是贵州省政府根据当地实际教育情况，经反复论证决定的，此项计划的最大特点是联合省多个部门，共同提供教育公共服务，使教育问题不再仅仅是教育局的事情，而是由财政局、审计局、省农办、省民政厅等多个部门通力合作共同推进。

通过实施"9+3"计划，贵州省义务教育、高中阶段教育将大大改善并得到长足发展，对贵州省解决教育瓶颈问题、推动教育事业后发赶超和构建服务型政府具有十分重要的意义，对提升贵州省基础教育公共服务能力有重大影响。实施"9+3"计划后，在九年义务教育方面，到2015年，以县为单位，小学生辍学率将控制在1.8%以内；初中生辍学率控制在2.8%以内，九年义务教育巩固率达85%以上，办学经费得到保障，义务教育学校符合办学标准，基本消除城镇"大班额"，教师整体素质大幅提升，教育教学质量进一步提高，60

第六章　西部地区地方政府提升公共服务供给能力的实践

个以上县（市、区、特区）实现县域内义务教育初步均衡。

"9+3"计划为全省经济社会发展强教奠基，目前贵州省正处在奋力实现"科学发展、后发赶超、同步小康"目标的重要战略机遇期。科学发展、后发赶超，关键靠人才，基础在教育。近几年来，贵州省加大招商引资力度，建成了一大批工业园区，明确集中力量加快推进煤电磷、煤电铝、煤电钢、煤电化"四个一体化"，打造白酒、两烟、茶叶、民族医药和特色食品"五张名片"，做大做强航天航空、新能源、新材料、信息网络、生物产业、节能环保等六大战略性新兴产业，实施"9+3"计划培养高素质技能型人才。推动工业化、城镇化、农业现代化建设。

"9+3"计划还为提高西部基础教育服务能力起到了示范作用。贵州省目前实施的"9+3"计划整合了多个部门资源共同提供基础教育服务，对整个西部地区巩固提高九年义务教育水平，抓好"控辍保学"教育服务，提供了参考和借鉴，对办好人民满意的教育，让每个孩子有学上、上好学，促进社会公平和谐具有极为重要的意义。

四、陕西：推行公私合作提供公共服务[①]

陕西山多水多，尤其是在陕南秦巴山区，山大沟深，河

---

①　参考《陕西省财政厅携手陕西省慈善协会大力推进慈安便民桥建设》改写、分析，http://gongyi.china.com.cn/2013-08/19/content_6223287.htm，2013年8月19日。

流纵横，地形复杂，重峦叠嶂，交通不便。每遇山洪暴发，就会给当地群众生产、生活的出行和学生上学造成很大困难。而这些地区往往是贫困地区，地方政府没有足够的财力去改善当地的交通基础设施。为解决这一问题，陕西省慈善协会自成立以来，就把修建慈安桥作为慈善品牌项目来抓，2007年陕西省财政厅也从起拨付专款建设便民桥，推行公私合作携手改善当地交通状况，提供公共服务。

（一）陕西携手"慈安便民桥"共建交通基础设施

尽管陕西的慈安桥、便民桥建了不少，取得了很大成效，但是，这与实际需求和群众愿望还相差甚远，据安康市慈善协会初步调查，仅在安康市内就需要3800多座，这样可以推算出，全省共计还需建近2万座桥。这项关系到千乡万村的民生工程仍需要下大功夫、花大力气，抓好慈安桥、便民桥项目工程的建设，大力推进贫困山区群众早日脱贫致富。

为了整合资源，提升项目实施效率，2013年8月，陕西省民生善举工程项目"慈安便民桥"建设又上了一个新台阶。陕西省财政厅与陕西省慈善协会在陕南紫阳县召开《全省慈安便民桥项目实施工作会议》，全面安排部署全省慈安便民桥建设任务。由陕西省财政厅拨付2000余万元专款，连同陕西省慈善协会接收社会各界捐赠的200余万元爱心善款，2013年将合作建设慈安便民桥450余座。"慈安便民桥"项目的启动，标志着省慈善协会的"慈安桥"项目、陕西省政府的

"便民桥"惠民工程走向联合,将惠及百万山区村民方便生产、生活和学生上学出行。"慈安便民桥"项目一是要建立健全慈安便民桥项目库,包括地点、图像、报表等,应有相关的评审、公示;二是要坚持"三不三优先"的原则,强化项目管理,按照专业项目管理规范选址、设计、评估、建设、审核等环节;三是加强财政和慈善两家合作,在政府的主导下,团结互信、密切沟通、精诚合作,以"为民但求桥常在,功成未必留我名"的高尚情怀,认认真真把慈安便民桥建好。截至2013年8月,陕西省已投入资金2.4亿多元,建设了3650余座慈安便民桥,其中陕西省财政厅拨付专款1.4亿元,建设了便民桥2300座;陕西省慈善协会投入善款1亿多元,建设慈安桥1300多座。共涉及全省各市(区)、县,600多个乡镇、1000多个村庄,直接受益群众达200多万人,极大地方便了当地群众,改善了村民出行难、方便了学生上学、解决了农副产品运输等问题,深受群众的欢迎。当地群众将这些桥称为"爱心桥""连心桥""救命桥""致富桥""幸福桥"。陕西省慈善协会率先发起的这一惠民项目——慈安桥项目曾荣获"中华慈善奖",在西北乃至全国具有一定影响。

(二)陕西公私合作提供公共服务意义

陕西省财政厅与陕西省慈善协会合作,通过总结紫阳县财政、慈善两部门合作建慈安便民桥的成功经验,确定将财政部门建的便民桥与慈善部门建的慈安桥合作共建慈安便民桥——由财政部门管好资金，慈善组织做好项目实施，乡镇村搞好安全监督与维修等。公私合作的惠及民生的善举工程，为解决山区群众出行难、过河难、上学难等突出问题做出了巨大贡献。推进财政、慈善两家合作建桥是壮大建桥力量的一项新突破，有效解决了"财政部门有建桥心愿和资金，但人力不足；慈善组织有建桥经验和一批热心、负责的公益人士，但资金缺乏"的实际问题，起到了优势互补的良好效果。

陕西省政府与慈善机构携手共建便民桥，为公共服务的跨部门合作供给提供了可借鉴的运作模式，特别是在公共服务政策的制定与执行中，基层政府不仅要具备政府各个职能部门之间的沟通协调能力，更需要有勇于探索、走出科层制局限、与社会其他组织联手合作的创新能力，才能切实提高自身的公共服务供给能力，以适应公共服务发展的需要并获得公众的认同。正因为如此，陕西受访者对"所在地区公共服务部门配合程度"的评价，总体来说是不错的。

五、四川双流：创新村级公共服务供给方式

双流县地处四川省成都市近郊，是我国中西部地区第一经济强县。2009年，在成都市开展的村级公共服务和社会管理改革试点工作中，双流县大胆探索，率先启动改革。试点村采取"政府购买、社会参与、市场运作"的方式，形成了

第六章　西部地区地方政府提升公共服务供给能力的实践

政府"办事不养人"的服务格局,把过去"养人的钱"变成了现在"办事的钱",有效提升了村级公共服务质量和群众满意度。

(一)四川双流公共服务外包

一直以来,县、镇、村在城乡公共服务供给上分工不明、主体不清,造成各级部门"越位""缺位""错位"。对此,双流县根据政府、村级自治组织和市场主体的不同定位,建立起项目分类明晰、供给主体明确、效能充分体现的分类供给体系,共梳理出涉农公共服务项目124项,涉及众多部门、各个领域。凡可以委托村(社区)实施的服务项目,原则上各部门都应委托,让村成为公共服务的主体。

双流县按照"公益性服务政府承担、福利性服务适度补贴、经营性服务推向市场"的原则,县、镇财政划拨村级公共服务和社会管理常年运行经费,并实行"定额补贴"制度。根据各地实际,县级财政按平均每村(社区)20万元、镇财政按平均每村(社区)不低于5万元的标准予以定额包干补助。加上成都市补助的10万元,每个村(社区)平均可以得到35万元的财政保障。对于村级软、硬件平台建设所需经费,则由县财政按平均每村(社区)20万元的标准,采取以奖代补的方式予以一次性补贴。同时,还将村级公共服务和社会管理常年运行经费纳入县、镇两级财政预算,直接预算到村(社区),实行统一拨付、专账管理、专款专用,成为推进城乡公共服务均衡发展的"双保险"。2009年双流县财政投入1.48亿元，用于村级公共服务供给方式改革，实现了"财政下乡、服务进村"。

根据经营服务推向市场的原则，2009年4月，有10家社会机构公开竞买彭镇羊坪村5个村级公共服务项目。经过多轮激烈角逐，一家竞标单位以17.8万元（低于标底2000元）的价格获得村里环境卫生、绿化管理、沟渠管护和路灯维护4个项目，"经过测算，刘远洪竞得的这些项目去年花了24万元"。双流县相关负责人表示，在深入学习实践科学发展观活动中，双流县把村级公共服务和社会管理改革作为学习实践的重要内容来抓。在前期调研学习阶段，通过征询，由村民确定竞买的村级公共服务项目、服务内容，并测算出标底公开竞标。这是双流县引入市场竞争机制，创新村级公共服务供给方式的一个缩影。目前，全县采取"政府购买、社会参与、市场运作"的方式，通过民主管理，重点围绕公共环境卫生管理、农业生产综合服务、公共基础设施管护等经营性服务项目，通过竞标或定向委托等方式，探索服务外包。现已有500多个项目实现了竞标或定向委托，成交总价2460万元以上，节约资金380万元以上。

据了解，从2009年起，双流县对全县每个村每年投入35万元，开展村级公共服务和社会管理工作，并确定了农村警务、义务教育、公共卫生和基本医疗、农技服务和动植物疫病防控等重点项目。在改革试点中，市场化运作着重运用竞买方式服务，将村级经营性服务项目，采取"政府购买、社会参与、市场运作"的方式推向市场，从而降低服务成本，提高服务质量和群众满意度。由于通过将服务项目竞卖给公司，公司按企业规则用人，从而形成政府"办事不养人"的模式，将过去花在工作人员上的费用，更多投入到公共服务方面。

"如果他们服务不好，我们要炒了他们。"村民议事会代表说，村民将对项目进展、资金使用进行事中监督，对服务质量、服务效果进行事后评议，从而真正做到政府出钱买服务有成效。

（二）四川双流创新村级公共服务供给意义

四川双流创新村级公共服务供给形成了"政府购买、社会参与、市场运作"的模式，采取服务外包的方式，公开招选有能力的专业团队来提供村级公共服务，将村级经营性服务和部分社会管理项目纳入市场竞争，大大降低了服务成本，满足了村民的公共服务需求，激活了社会中介组织活力。探索出了村级公共服务供给新模式，对其他西部省份的县、镇、村提供公用服务提供了借鉴意义。

双流公共服务的创新之处还在于强化民主管理群众参与到位。过去的公共服务，大多是干部说了算，很少征求群众意见，结果造成干部办了事，群众还不一定满意。但在此次服务项目外包实施过程中，双流县充分发挥村组议事会的作用，探索事前决策、事中监督和事后评议都由"群众说了算"的民主模式，激发起群众的参与热情，改变了"政府代民做主"的传统做法,做到了"民事民议、民事民定"。不仅如此,村民还要对本年度实施项目的工程进度、服务效果和人员服务质量等进行考核,对不合格的服务项目限期整改或扣划工程款,对服务人员实行岗位调整、解除聘用,对服务单位取消今后竞标资格。因此,中标单位只有通过了评议,才能领取服务工程款,也才有资格继续执行下一期合约。四川双流的服务外包模式主要以村民自主决策、选择、监督、决定,政府提供财力支持和保障,最大限度地提供村民满意的公共服务。

六、甘肃:"互联网+政务服务"

(一)推进"互联网+政务服务"的举措

为推进简政放权、优化政务服务工作,实现部门间的数据共享,让居民和企业少跑腿、好办事、不添堵,加快推进政府职能转变、提高效能,甘肃省大力推行"互联网+政府服务"。2017年1月26日,发布了《甘肃省深入推进"互联网+政务服务"工作方案》,方案提出,建设省市县三级一体化的"行政权力清单""部门责任清单""财政专项资金管理清单"三张清单,以及建立监管信息共享平台,设立阳光政务、行政审批和便民服务三大主题,实现全省政府系统行政审批和服务事项的"一站式"网上办理与"全流程"的效能监督,采取的措施主要有以下几个方面。①

1. 搭建"一站式"网上服务平台

甘肃政务服务网是推进"互联网+政务服务"的主要载体，2016年3月15日，省政府发布《2016年甘肃政务服务网建设工作要点》的通知，指出以省市县各级政务大厅网上行政审批系统为依托，以实现全省政府系统行政审批和服务事项的"一站式"网上办理与"全流程"效能监督为目标，逐步实现全省行政审批和便民服务等政务事项"一张网"办理，打造全省统一的网上政务服务平台。

2. 构建统一的数据交换与共享平台

为有效整合分散异构的信息资源，消除"信息孤岛"现象，依托甘肃政务服务网省级交换共享系统，构建了省级政府部门统一的数据交换平台，并推动市级数据交换共享交换平台建设，灵活实现不同系统间的信息交换、信息共享和业务协同。进一步发挥信息资源和应用系统的效能，提升信息化建设对公共服务供给的支撑作用。

3. 不断丰富拓展网上政务服务功能

（1）优化网站群界面

优化细化政务服务网省级主站、市州和县区子站模块、栏目布局、页面风格，不断丰富网上办事事项，完善网上服

---

① 甘肃省人民政府办公厅：《"互联网+政务服务"工作交流材料》，http://www.gov.cn/zhengce/2017-03/10/content_5175922.htm。

务能力的星级评定和用户评价功能，切实改进用户体验，让群众办事更方便、让政府服务更高效。

（2）完善政府与公众互动的功能

网站建立了留言办理机制，民众可通过"我要建议""我要投诉""我要咨询"等互动栏目留言反馈结果评价和评分功能，并建设了"意见征集""网上调查"等功能，搭建起一个政府与公众互动的平台，为公众参与公共事务提供了的新途径。

（3）丰富阳光政务内容

动态管理和及时更新"权责清单""财政专项资金管理清单""扶贫清单""行政审批中介服务事项清单""公共服务事项清单"等重点领域的相关信息，让群众看得到，听得懂，能监管，有效地扩大了公众参与，促进了政府有效施政。

4. 建设及推广移动端应用

建立了甘肃政务服务移动 APP 和微信公众平台，将甘肃政务服务网面向公众提供的网上公共服务延伸到移动端，为公众提供了随时随地获取政务服务的渠道，有效推进了"掌上政府"的打造。

（二）甘肃省"互联网+政务服务"建设工作的成效

自推行"互联网+政务服务"后，甘肃省政务服务体系取得了以下成效：

第一，陆续建成省市县三级统一的政务服务网站群、身份认证系统、权力事项管理系统以及省级数据交换共享平台；第二，省政府各部门梳理并发布各项便民服务事项，按照便民服务事项目录确定了指南类、名录类、公告类、答疑类等八大类事项和婚育收养、教育培训、求职就业、就医保健、社会保险等21个主题；第三，在完成省政府政务大厅网上审批及电子监察平台与甘肃政务服务网对接的基础上，启动了省政府工作部门的"网上行权"工作，省政府工作部门行政许可类事项网上统一申报、统一查询和统一反馈，增加了透明度，提升了政府服务效能。

（三）甘肃省政府推进"互联网+政务服务"的意义

1. 推动了政府的自我革新，提高了公共服务供给能力

"互联网+政务服务"是行政管理领域的一项创新。与传统电子政务不同的是，"互联网+政务服务"从社会引入互联网技术、思维、资源，创新地打破了政府公共服务供给趋于稳定、保守、僵化的格局，并利用社会公众与政务服务的互动倒逼政府提高自身的公共服务供给能力，使政府随着社会大环境的变化而相应地调整和改变公共服务供给方式，简化了办事流程和提高服务质量，加速了服务型政府建设的步伐。

2. 为公众提供更优质高效便捷的公共服务

全省一体化网上政务服务平台的基本建成，优化了政府公共服务流程，消除了"信息孤岛"。实体政务大厅与网上服务平台融合，形成线上与线下功能互补、相辅相成的公共服务新模式，大幅度提升了公共服务的智慧化水平，让企业和公众享有了方便、快捷的公共服务，是政府运用互联网技术提高公共服务供给能力的有益探索。

3. 推进了政府数据开放共享，提高了政府公共服务供给能力

依托全省统一的政务数据交换共享平台，完成与相关部门的人口库、法人库、空间地理库、社会和企业信用信息系统的技术对接和数据交换共享，集中发布权责清单、便民服务事项、公共服务事项等信息，推动民生保障、公共服务和市场监管等领域的政府数据，向社会有序开放，形成信息资源共享的新局面，同时，让大数据为优化政府服务和市场监管，提高了政府公共服务供给能力。

第七章　西部地区地方政府公共服务供给能力的制约因素及其提升路径

我国区域经济发展的不平衡，制约着各地区公共服务供给能力的提升，这给地方公共服务供给也造成了较大的差别，同时也影响了我国社会公平、公正的整体性和全面性发展。我国西部地区，由于自然资源禀赋与东部地区有非常大的差异，社会经济发展滞后，用于公共服务的资源十分有限，此外制度安排等软实力的建设也没有能及时跟上，因此，制约西部地方政府公共服务供给能力发展的因素，也是多方面的。

一、西部地区地方政府公共服务供给能力的制约因素分析

（一）公共服务供给能力的外在制约因素

1. 法律法规制度缺失及约束

法律政治制度的缺失是影响公共服务供给能力的首要外

在因素。一方面地方政府公共服务相关的法律法规尚未建立，导致公共服务供给无法可依，服务职权不明确，服务内容不明晰；即使各基层地方有所意识，采取相关措施制定部分规制文件，但因职权所限或者上传下达过程中的"信息失真"，导致在法律制度执行层面出现问题。另一方面，在缺乏相关制度支撑的前提下，又受现有体制的约束，地方政府无法根据社会需求为公共服务引入广泛的社会主体、市场主体，从而无法实现多元服务主体的支持，在大多公共服务供给中只能"单枪匹马"，无法切实满足社会公共需求。

总之，法律制度的缺失，使地方政府丧失了公共服务的政治制度基础，从而严重影响公共服务的供给能力。

2. 经济基础薄弱且不平衡

经济基础决定上层建筑，各地经济基础的差距，在公共服务供给能力中也能得到明显的验证。目前各地经济发展水平存在很大差距，尤其是中西部地区，这是制约各地政府公共服务供给能力提升的根源。受经济水平所限，政府财权与事权不协调，尤其是直接承担公共服务的基层政府，"事多财乏"导致公共服务供给受到极大的资金约束。同时，各地经济发展水平不同，各地经济财政制度存在很大差异，相互之间在公共服务需求方面存在极大的不同，进而对各基层政府公共服务供给能力的需求提出不同的要求，最终导致各基层政府面对极不相同的公共服务供给目标，严重限制相互之间的协作与帮扶，从而制约公共服务供给能力的综合提升。①

3. 监督机制不完善

政府公共服务供给缺少相应的监督机制，主要表现在政、群信息沟通不畅。原因除了上述制度缺失外，还存在现有法律制度执行不到位、受现实条件制约等因素。一方面，基层政府公共服务供给的信息公开范围、公开程度、公开方式不明确，导致政府对外信息不畅；另一方面，受经济水平影响，西部群众接受政府公开信息的途径、条件不到位（比如家里没有电脑或者网络覆盖不全导致网络信息接收不到），再次导致政群之间信息沟通的不畅。

同时，现有政府行为的监督机制主要表现为内部监督，虽然随着信息网络技术的发展，网络监督、媒体监督等社会监督形式起着越来越重要的作用，但是涉及政府行为关键性信息的仍然是内部监督。如何在基层政府公共服务供给中引入社会监督机制，充分发挥网络监督、媒体监督在政府公共服务供给能力提升方面巨大的促进作用，也是亟待解决的问题。

（二）公共服务供给能力的内在制约因素

1. 传统政治管理理念的影响

我国传统政治管理理念形成于计划经济时代，原有的政

---

① 张开云、张兴杰、李倩：《地方政府公共服务能力：影响因素与实现能力》，《中国行政管理》2010年第1期，第92—95页。

府对社会事务"大包大揽"。这种权力渗透到社会生活各个方面的全方位政治管理理念，容易造成社会生活的僵化和政府官员的腐败，已不能适应社会经济快速发展的步伐。改革开放以来，我国的行政管理改革虽有明显成效，但因受各种复杂因素的影响，与社会经济发展相适应的公共服务管理理念仍未建立，各级政府仍然延续着传统管理理念，习惯于用单一的行政管控手段解决复杂多变的社会事务，强调整个社会生活以政府活动、经济活动为中心，在公共服务中仍然追求政府的无限权力，从自身角度来考虑制定公共服务政策，忽视社会参与、社会合作，这显然不利于在公共服务供给中激发和调动个人、企业与社会的积极性和主动性。

由于长期受传统政治理念的影响，在公共服务过程中政府更多的是从行使权力的角度看问题，重权力轻责任、重管理轻服务，继续延续"官管民"的政治管理方式，缺乏服务意识、合作意识；在当代市场经济条件下，社会公共需求更强调以人为本、以社会公共利益为本，更加关注政府服务和责任意识，传统政治理念指导下的"行政控制"已经不能更好地满足社会公共需求，因此需要推动政府从"权力本位"向"责任本位"转变，从偏重行政控制向科学化的公共治理转变。

西部经济发展滞后，各级政府仍然将"追赶经济"作为所有工作的重中之重，忽视政府公共服务的职责，这种以经济发展代替社会发展，重经济管理、轻公共服务的传统政治发展方式严重影响了政府综合能力的提升。

2. 政府公共服务管理者素质及能力的约束

作为政府公共服务的管理者、执行者,个人素质和能力的高低直接决定着政府公共服务的供给成效。

一方面,受传统政治观念影响,"管制政府"的理念已经"深植人心",这就直接导致公共服务管理者服务意识的严重缺失,即使存在部分服务意识,更多的也是表现为服务上级而非服务群众。当代社会对政府提出了以人为本、以社会公共利益为本的公共服务需求,而政府公共服务管理者在服务意识缺失下,迷失服务对象,直接影响对服务方式和服务内容的科学、准确认知。

另一方面,在当前政府公共服务管理体系尚未完全建立,原有社会需求问题未能得到有效解决的情形下,社会经济的快速发展又提出了更多更复杂的新的社会需求,亟待政府处理,这给直接承担公共服务供给的管理者提出了更高的能力要求和挑战。但现有公务员体系普遍存在知识结构老化、技能不强、作风问题频发、态度差等问题,暴露出作为政府公共服务管理者的公务员驾驭经济能力、创新能力、应变能力、服务执政能力的不足,同时组织缺乏专业性培训及考核体系,无法有效保障公务员的后期能力提升,最终造成政府公共服务执行能力低下,在公共服务管理与供给过程中无法赢得公民的信任和合作,无法获得公众对政府公共服务供给的合法性认同,进而制约政府公共服务的供给效率和供给能力。

3. 职能定位不明确

制度的不健全导致政府职能定位不明晰。社会中长期以来存在的轻视政府社会职能、公共服务职能的传统观念已经严重影响政府公共服务的运行，更不用说在相应的监督机制未能健全、社会主体参与不积极等综合环境下，政府公共服务执行力低弱的现象。

根据调研事实，一方面，西部地方政府机构重叠，人浮于事，在执行层面更是存在许多行政决策失误、执行不力、监控不够、运行受阻等严重问题。尤其突出的是，现行政府对于公共服务供给，存在重视项目投入、轻视项目管理和项目成效的价值偏向，针对某一项公共项目盲目扩张，这直接导致政府公共服务成本的增加，但公共服务成效却不明显。

另一方面，虽然部分政府部门已意识到公共服务供给需要进行市场化、社会化的变革，但对引入多元主体参与公共服务的动机、能力以及配置的资源和获取的质量等方面的认知存在很大差异，不少地方政府将这种市场化、社会化改革当作一种推责任、卸包袱的方法，对公共服务中的问题不管不问，疏于管理和监督，最终造成公众利益受损时得不到政府保护的严重后果，直接影响公众对政府公共服务创新运行的信任。

第七章　西部地区地方政府公共服务供给能力的制约因素及其提升路径

二、西部地区地方政府公共服务供给能力的提升路径

（一）确立公共服务供给能力的发展目标

改革开放以来，我国政府职能作用围绕经济建设这一中心，始终坚持"经济优先"的框架，导致了社会领域发展失衡，公共资源分配不公等社会问题。为解决公共需求的快速增长与政府公共服务供给不足的矛盾，必须突出强调政府公共服务职能，为政府寻回长期被忽视的存在依托，构建政府主导、多元主体、公共参与的公共服务综合体系，为经济和社会的协调发展提供基本、有效及至全面的公共服务，最终实现政府从管制型向服务型转变、从服务经济向服务社会转变、从服务政府向服务社会和公众转变的三大转变。

1. 转变政府职能，突出强调公共服务

转变政府职能并不意味着改变政府"经济建设"的工作重心，而是要求政府在全身心进行"经济建设"的同时，更加强调其社会管理职能和公共服务职能，转变现有经济发展代替社会发展的错误发展观。

一方面，需要转变政府在公共服务供给中的角色定位。政府不需要通过扩大规模或者增加支出直接提供公共服务，而应从原来的公共服务提供者中退出来，转变为公共服务供给的促进者、合作者和管理者，扮演好公共服务的"掌舵者"，合理优化配置公共服务资源，将公共服务供给建立在市

场机制、社会参与的基础上，充分发挥政府的主导作用，调动社会组织的积极性，从而提高公共服务供给的综合水平。

另一方面，需要理顺各方面职责关系。政府作为社会公共服务的统筹者、协调者，在公共服务供给中涉及各个主体之间的关系，不仅要理顺上级与下级、政府内部各部门之间的职能关系，还需合理界定政府与其他市场主体、社会主体的职责关系，以明确各自的职责范围，避免政府在整个公共服务供给运作中可能存在的统筹障碍和协调工作的不顺畅。[①]

2. 引入多元主体，满足多样社会需求

市场经济下的政府，不应是全方位管控的"无限政府"，而应坚持有所为有所不为的法则。在市场机制和社会自治机制发挥作用等不属于公共领域的，政府应全身而退，以此为其他社会主体、市场主体提供足够的发展空间和发展环境，以期确保政府作为公共服务协作者、促进者的角色。

公共服务供给的三大主体包括政府、市场和社会，它们在公共服务供给中各具自身优势：政府具有权威性，行为统筹范围较广，能够协调全社会公用服务资源，具有保持全社会凝聚力的自身优势；市场具有活力，应对突发情形时具有良好的适应和变通能力，拥有良好的创新优势；社会具有广泛的群众信任基础，其非营利性的属性更易获得普遍认同，在贯彻道德准则和个人行为职责方面具有优势。因此，政府

---

① 周敏：《强化政府公共服务职能的思考》，厦门大学硕士学位论文，2005年。

公共服务供给能力的提升，需要上述三大主体的共同协作努力，而其中起主导和协调作用的"掌舵者"即是政府，因此政府应充分发挥其协调优势，合理配置市场、社会主体的公共服务资源，以充分利用市场、社会两大主体的优势，更好地为社会公共服务贡献力量。同时，政府、市场和社会等多元主体的共同协作，也能够更好地满足社会经济发展带来的多样性社会需求。

3. 以公众需求为导向，吸引公众参与

以行政计划替代公众意愿、以精英设计替代公众参与是传统政府公共服务供给的主要特征，这种公共服务供给模式忽视了公众的需求和偏好。新的发展阶段，政府在公共服务供给中应转变为以公众为导向，并应提高公众对其公共服务供给的认同和支持。政府公共服务的提供必须从政府本位转变为社会本位，从官本位转变为公民本位。政府提供的公共服务及提供公共服务的方式，应迎合公众的意愿，并建立在广泛集中公众智慧的基础上，通过完善公众参与和公众评价机制，以此来保证及提高政府公共服务的有效性。

一方面，政府应积极放下身段，公开政务，向公众完全开放监督，以加强政府与公众之间的沟通与交流，便于政府更好更快地了解公众需求；另一方面，创新行政方式，拓展公众参与公共服务决策及执行的渠道，吸引公众参与，并最终形成政府与公众之间的互动交流，切实为政府公共服务明确导向目标。

（二）培育公务员公共服务的基本意识和能力

新形势下，多样的社会需求对政府公共服务供给提出了更高的要求，更是对公务员的素质提出了较高的要求，不仅要求公务员具备较强的服务意识，同时也要求其具备较强的服务能力。

1. 培育公务员的服务意识

培育公务员的服务意识需要加强政治理念的宣贯，加强党性引导，在此基础上，引导公务员团体树立正确的世界观、人生观和价值观，明确为人民服务的政治理念，尊重公民权利，坚持社会本位的执政信仰，增强责任意识、法治意识。

培育服务意识的主要途径表现为：一方面，针对岗位说明、服务规范及其他制度对其进行理论专业培训，在其理论培训通过考核后，结合实际操作进行实践培训，之后进行严格的综合考核，以此增强其服务意识。另一方面，提升公务员学习能力，强化组织服务意识，倡导公务员树立终身学习的观念，并培育科学的学习方法，以此奠定公务员理论素养和服务意识的长效提升。

2. 增强公务员的服务能力

在对公务员系统加强思想建设、制度建设、作风建设、能力建设的同时，通过专业岗位培训，继续再教育的途径，提升公务员的综合服务能力，并通过相应的综合考评及奖惩机制保障提升的效率。公务员综合服务能力应包括以下内容：

(1) 依法行政能力

依法行政是政府执法的基本要求和基本原则，因此公务员应熟悉国家法律法规的基本内容，正确领会规定精神，严格依法规范行政行为，做到合法、合理行政，程序正当，高效便民，诚实守信，权责统一的基本行政要求。

(2) 务实处事

务实高效是行政行为的基本要求之一，务实的工作作风是政府廉政建设的要求。认真执行工作部署，理论联系实际，创造性地开展工作，落实各项政策，切实保障实效，最终赢得公众对其公共服务的认可和信任。

(3) 应急能力

当前我国发展处于关键时期，影响公共安全等的突发事件、动荡因素时有发生，这就要求各级政府及其公务员必须具备很强的应急能力以应对随时可能发生的异常情况。公务员应急能力的强弱也是各级政府坚持以人为本、执政为民、全面履行政府职能的重要体现，能够直接反映政府公共服务供给的真实能力。

(4) 创新能力

创新是一切进步的源泉，各级政府及公务员只有具备积极的创新意识和创新能力，才能更好地因地制宜，结合现实实际，制定切实有效的公共服务供给方案，更好地履行公共服务职能。因此，全体公务员应具备创新能力，群策群力，对制度、体制、机制等各方面进行合理创新。

3. 健全考评及奖惩激励机制

科学、民主的公务员公共服务考核制度是公务员公共服务意识和能力提升的重要保障。首先应根据实际制定明确的公务员公共服务行为规范，以明确公共服务质量标准，合理界定岗位服务质量标准，为公务员公共服务提供操作性指引，也为公共服务定量考核以及社会公众监督提供具体的参照标准。其次将市场机制和公务员个人选择纳入考核，把公务员公共服务供给的工作数量、质量、水平及取得的社会效益、工作能动性、创新性等进行量化和测评，并以此工作业绩作为衡量公务员公共服务能力的标准。最后，建立综合奖惩制度，根据考评结果，分别给予不同的物质或者精神奖励，或者给予不同形式、不同等级的惩罚，以此保证考核的效果。

通过这种考核评估的办法既可激发公务员的服务潜力，又可便于上级及公众对公务员公共服务进行监督。同时通过对考核结果的奖惩，可以据此提出不同层次不同岗位公务员公共服务能力建设的发展方向，为公务员综合能力的提升给予支持。

（三）完善公共服务供给能力的评价指标体系

公共服务供给能力的评估体系是一个系统性概念，应包括政府内部评估和社会评估等。完善和创新公共服务供给能力评估机制，主要表现在增强多元监督评价对地方政府公共服务供给能力的影响。

第七章　西部地区地方政府公共服务供给能力的制约因素及其提升路径

1. 构建以公共服务为导向的评估机制

政府公共服务供给能力评价属于政府效能评估的一部分。从我国政府的实际情况来看，传统政府绩效评估是以经济增长为核心，公共服务供给能力评价在整个政府效能评估中的重要性未充分显现，所占比重相对较少，这严重制约着县级政府公共服务供给能力的提高。因此，必须建立以公共服务为取向的政府绩效管理评估机制。一方面，通过理论研究，尝试设立适合政府公共服务供给特点的指标体系和测量方法，为政府公共服务供给能力评价提供理论依据和可操作性的方案；另一方面，强化公共服务供给投入与成效的综合评估，在明确县级政府服务的绩效导向的前提下，通过公共服务成本效益的综合评价，将公共服务权力赋予、奖励报酬与绩效挂钩，增强政府及公务员提供公共服务的内外压力，促使公共服务资源得到合理配置，为提高公共服务供给创造激励机制。

2. 创新政府内部效能评估，强化社会评估

政府内部效能评估主要指行政机关自身、行政监察机关或其委托其他组织对政府公共服务供给的整体配置效益及其服务的效率与质量进行的综合性监察评价。其以政府为主导，评判的话语权带有顺从性、被动性和模糊性，重点关注的是

对公共服务供给成果的绩效评定。①

创新地方政府公共服务绩效评估机制需要强化社会评估,着力探索公民、社会组织的参与,实现社会评估主体的多元化,以期达到政府公共服务供给评判的主动性、平等性、全方位性的目标。

以公民为代表的公共服务对象,与其他评估主体相比,对政府公共服务供给的质量和效果有着最直接、最真切的感受,因此其对政府公共服务供给能力的评价最有发言权。公众参与评估,能够让政府倾听到其"服务顾客"的心声,能够尽快查询到自己公共服务供给的不足点,并通过反馈活动不断检验地方政府公共服务供给能力,保障地方公共服务的有效供给。同时通过加强公众的参与,也是借助政府的外部力量和压力(如社会舆论压力)、推动政府服务更加注重绩效的良好方式。

(四)加强公共服务供给能力支撑体系

1. 健全公共服务制度体系

通过完善的公共服务供给的制度安排,明确各方职责及权限、明晰工作流程,为公共服务供给各项具体事宜的落实以及尝试性的创新提供制度保障。健全公共服务供给制度体系主要包括以下内容:

---

① 杨国栋:《论我国地方政府公共服务供给能力提升的行动逻辑》,《江西行政学院》2007年第7期,第16—20页。

第七章　西部地区地方政府公共服务供给能力的制约因素及其提升路径

（1）优化财政制度安排

以实现事权与财权相统一为根本原则，采取切实措施完善我国公共财政体制。按照"不越位、不缺位"的原则重新界定中央与地方各财政主体的职责范围，中央在对地方事权放权的过程中也要实现相应财权等实体性权力的下放，同时逐步建立规范的转移支付制度，为事权下放后配置相应的财权做好相应的保障，以此为地方政府公共服务供给能力的提升奠定物质基础。

（2）构建多元主体协作制度安排

营造政府与社会的协作机制要明确定位政府"掌舵人"的角色，并注重发挥市场、社会组织在公共服务中的作用，建立政府、社会、个人责任与义务相平衡的公共服务机制。一方面，通过相应制度设计明确多元主体的各自公共服务领域权限以及相互关系，以规范公共服务供给秩序；另一方面，为鼓励多元主体进入公共服务领域消除制度上的障碍，并通过保障多元主体在参与公共服务过程中的各项权益，以此构建多元主体协作的公共服务供给制度体系。

（3）完善相关法律制度建设

政府公共服务供给涉及的法律法规范围较广，主要包括社团、非营利组织以及社会保障、社区管理等方面的法律法规。而我国，在公共服务领域没有一部对应的法律法规予以保障，更多的是各级政府出台的相关文件性的规定，其效力和作用远远不及法律，不仅造成公共服务供给的乱象，而且造成公共服务管理权力的滥用,因此完善政府公共服务法律制度已迫在眉睫。

2. 完善政府公共服务监督机制

完善现有公共服务监督机制需要政府树立透明行政、理性行政、开放行政的执政理念,一方面应主动公开相关公共服务的政务信息,以良好的姿态欢迎各方监督;另一方面,健全、完善现有监督体制,强化社会监督、群众监督。

(1) 公开公共服务政务信息

为适应开放型社会和履行公共职能的要求,政府需要从封闭行政向公开行政转变。通过提高政府公共服务的透明度,使公共服务供给政策的制定与执行置于公众的参与和监督之下,加强相关政务公开的制度化、法制化建设,防止暗箱操作带来的腐败和行政权力的滥用,实现政府公共服务供给的公平和正义,保障政府公共服务职能的有效履行。

公开公共服务政务信息,需重点把握以下内容:第一,合理把握"公开"与"不公开"的界限,明确不公开事项的范围;第二,构建信息共享机制,整合共享政府信息资源,实现政府与社会间快速的信息传递,提高行政效率、行政透明度和整个社会的活力;第三,建立与其他工作的互动机制,发挥政府信息公开对政府职能转变的促进作用;第四,加快公开延伸,寻求与公众的积极互动式的公开方式,及时、主动公开热点、重点信息。①

(2) 发挥社会监督力量

当前政府公共服务职能中，政府既是公共服务的供给者又是监管者，服务与监督职能未独立分开，不能超脱行业利益和部门利益，无法有效地实现对公共服务的有效监管。因此需要充分发挥社会监督力量，借助社会力量克服行政内部监察存在的弊端，既调动公众参与公共服务的积极性和主动性，又提高公众对政府公共服务的满意度。

---

① 周敏：《强化政府公共服务职能的思考》，厦门大学硕士学位论文 2005 年。

第八章　结论与展望

一、研究结论

（一）地方政府公共服务供给能力是一个有机构成的体系

通过对政府公共服务供给能力建构的现有资料的梳理和借鉴，本书提出了地方政府公共服务供给能力的构成框架，即以核心能力、内在能力、外显能力三个部分有机构成的能力体系。核心能力是公共服务供给能力中的公共服务资源调配能力，它是公共服务供给能力的基础，在一定程度上决定了政府公共服务供给能力的强与弱，大与小；内在能力很大程度上是对公共资源进行调配的具体方式与手段，如决策、执行、组织、沟通、协调能力，它是提高地方政府公共服务能力的重要层面；外显能力是公共服务的实际效果，它凝聚了政府公共服务供给能力，既是公共服务最终结果的体现，也是政府公共服务供给能力的最好评判。

第八章 结论与展望

(二) 基于公众满意度的地方政府公共服务供给能力评价

本书对西部地区六个省、直辖市公共服务供给能力进行了公众满意度的调查研究,通过实证分析发现,公众满意度较高的基本公共服务是基础教育,满意度较低的是食品安全。陕西、重庆、四川三个地区的公共服务满意度水平在西部平均水平之上,其他三个地区云南、贵州、甘肃公共服务满意度水平在西部平均水平之下。

(三) 基于服务效果的地方政府公共服务供给外显能力分析

本书通过统计年鉴相关数据的分析,对西部地区公共服务进行了全国范围的比较分析。经过比较发现西部地区公共服务虽然近几年有大幅度的提升,但因为其他省、自治区和直辖市公共服务也在发展,因此所分析的西部六个省、直辖市公共服务还处于中等偏下的水平。本书的分析结果表明,四川、重庆、陕西的政府公共服务供给能力处在全国平均水平之上,在六个地区排名靠前,而云南、贵州、甘肃公共服务供给能力处在全国平均水平之下。这一结果与公众满意度的评价一致,说明本书在偏客观的服务效果和偏主观的公众满意度两者的契合。

(四) 基于服务过程的地方政府公共服务供给能力内在要素分析

通过对西部地方政府公务员的问卷调查，本书还从公务员这一特殊群体着手探讨了地方政府公共服务供给能力构成要素，其中包括了公共服务组织能力、决策能力、协调能力、沟通能力、监督能力的分析，以及公共服务绩效评估研究。在资源配置这一核心要素上，四川和甘肃两地分别有50.7%、53.1%的受访公务员认同政府的资源整合能力；在公共服务组织能力方面也是四川和甘肃的受访公务员比较肯定所在政府的做法；在公共服务计划方面，四川和陕西有半数以上受访公务员认为所在地区政府的计划较为周全；在公共服务沟通能力上，重庆和四川有近半数受访公务员满意政府的沟通能力。从中可以看到，公共服务外显能力较强与公共服务过程做得较好、公共服务结构要素较强有关，这典型反映在四川省地方政府的公共服务上。

(五) 西部地方政府公共服务供给能力提升的对策建议

对于政府来说，要构建政府主导、多元主体、公众参与的公共服务综合体系，为经济和社会的协调发展提供基本、有效及至全面的公共服务，最终实现政府从管制型向服务型转变、从服务经济向服务社会转变、从服务政府向服务社会和公众转变的三大转变。

对于公务员来说，要求公务员具备较强的服务意识，同时也要求具备较强的服务能力。

对于评估监督来说，应完善和创新公共服务供给能力评估机制，主要表现在增强多元监督评价对地方政府公共服务供给能力的影响。

对于制度保障来说，需要通过完善的公共服务供给的制度安排，明确各方职责及权限、明晰工作流程，为公共服务供给各项具体事宜的落实以及尝试性的创新提供制度保障。

二、后续研究展望

（一）地方政府公共服务供给能力的提升需要持续研究

地方政府公共服务供给能力的发展是一个动态过程。随着经济社会的发展，政府职能的不断变化，政府公共服务供给能力也在不断发展，社会公众在新形势下必然会对公共服务的内容、质量、方式都有新的要求，从而对地方政府公共服务供给能力的提升需要有一个持续的研究，做到政府公共服务供给能力不断更新，公共服务供给能力研究不断深入。

（二）西部地方政府公共服务能力还需要更广泛地研究

本书只涉及了西部六个省、直辖市地方政府的公共服务供给能力，没有涉及广西、西藏、青海、宁夏、内蒙古等五个西部省、自治区；在政府公共服务供给能力结构上分项评价中只涉及社会保障、基础教育、医疗卫生、公共环境等主要的基本公共服务，在后续研究中有待于进一步扩大研究面，进行更广泛的研究。

（三）地方政府公共服务供给能力的提升还需要在实践中验证

尽管本书采用了实证研究，也采用了从公众满意度、外显能力、能力要素等多角度的分析及相互验证，但地方政府公共服务供给能力的完善与提升还需要在公共服务实践中打造，为此，后续研究可以选择某些地方政府并结合政府公共服务实践进行实验性的研究。

主要参考文献

著 作：

[1] 陈振明：《公共服务导论》，北京大学出版社 2011 年版。

[2] 丁元竹：《非政府公共部门与公共服务：中国非政府公共部门服务状况研究》，中国人民大学出版社 2005 年版。

[3] 李军鹏：《公共服务型政府》，北京大学出版社 2004 年版。

[4] 张立荣：《当代中国服务型政府及公共服务体系建设状况问卷调查数据统计与展示——以公务员、乡村公众、城市公众及学者专家为调查对象》，中国社会科学出版社 2010 年版。

[5] 中国（海南）改革发展研究院：《聚焦中国公共服务体制》，中国经济出版社 2006 年版。

[6]〔美〕里贾纳·J. 赫兹琳杰：《非营利组织管理》，中国人民大学出版社 2000 年版。

论 文：

[1] 陈健生：《城乡公共服务统筹治理的制度分析》，《财经科学》2010 年第 2 期。

[2] 陈志龙：《农村非政府组织公共服务能力的提升路径探究》，《广州广播电视大学学报》2010 年第 2 期。

[3] 储成兵:《安徽基层政府公共服务能力分析及提升策略》,《湖北经济学院学报》2011年第3期。

[4] 丁元竹:《基本公共服务均等化:战略与对策》,《中共宁波市委党校学报》2008年第4期。

[5] 丁远:《论地方政府公共服务供给能力的制度完善》,《成都行政学院学报》2011年第6期。

[6] 高红强:《基本公共服务均等化与政府责任》,《黑龙江对外贸易》2009年第7期。

[7] 官水彬:《分权体制下地方政府公共服务供给能力的区域差距分析》,《重庆师范大学学报》2010年第4期。

[8] 后哲、吴光芸:《第三部门提供公共服务——满足公共服务需求的重要思路》,《行政论坛》2004年第1期。

[9] 黄耀南:《浅析公共服务主体多元化》,《南方论坛》2008年第1期。

[10] 贾先文:《我国农村公共服务社区化研究综述》,《安徽农业科学》2011年第10期。

[11] 姜晓萍:《中国公共服务体制改革30年》,《中国行政管理》2008年第11期。

[12] 蒋云根:《提升基层政府公共服务供给能力的路径思考》,《甘肃行政学院学报》2008年第3期。

[13] 金德万:《完善公共财政制度的体制机制创新——湖北实行省管县财政体制的实证分析与路径思考》,《农村经济》2007年第3期。

[14] 金晓伟:《构建需求导向的农村公共产品供给机制》,《农村经济》2007年第11期。

[15] 句华:《公共服务市场化的内涵和动因》,《社会科学战线》

2003 年第 3 期。

[16] 孔凡河、蒋云根：《我国公共服务市场化的多维困境及其路径选择》，《学习与探索》2006 年第 5 期。

[17] 雷晓康、方媛、王少博：《强县扩权背景下我国基层政府公共服务供给能力研究》，《中国行政管理》2011 年第 3 期。

[18] 雷玉琼、王坤宁：《乡镇基层政府的公共服务供给能力问题探究》，《乡村经济》2009 年第 9 期。

[19] 李刚强：《非政府组织参与公共服务的现实思考》，《宁波职业技术学院学报》2011 年第 3 期。

[20] 李培轶：《民族地区基层政府公共服务供给能力研究》，《牡丹江大学学报》2009 年第 8 期。

[21] 李倩、张开云：《农村公共服务满意度现状与对策——基于广东省农村公共服务调查的分析》，《社会科学家》2010 年第 6 期。

[22] 李向京、廖进中：《经济全球化趋势下我国公共服务"市场化"需求分析》，《求实》2006 年第 6 期。

[23] 李艳霞：《浅析公共服务市场化的保证与原则》，《学术交流》2003 年第 1 期。

[24] 李宗楼、孔德斌：《以科学发展观为指导推进地方服务型政府建设》，《行政论坛》2011 年第 1 期。

[25] 梁满艳：《中部县政府公共服务供给能力建设的维度——以中部某省 L 县为例》，《湖北社会科学》2010 年第 3 期。

[26] 廖晓明、黄毅峰：《论我国政府在公共服务供给保障中的主导地位》，《南昌大学学报（人文社会科学版）》2005 年第 1 期。

[27] 林万龙：《不同级层财政主体的农村公共服务供给能力分析》，《甘肃行政学院学报》2009 年第 1 期。

[28] 刘波、崔鹏鹏：《省级政府公共服务供给能力评价》，《西安交通大学学报》2010 年第 4 期。

[29] 刘根荣：《推进基本公共服务城乡均等化的路径设计与制度安排》，《理论参考》2011 年第 1 期。

[30] 刘厚金：《我国政府公共服务的体制分析及其路径选择》，《上海行政学院学报》2011 年第 2 期。

[31] 刘蕾：《厦门市城乡基本公共服务均等化的实证分析》，《厦门特区党校学报》2010 年第 3 期。

[32] 刘琼莲：《政府在基本公共服务均等化中的角色》，《东南学术》2009 年第 1 期。

[33] 刘彤、张等文：《多中心供给：后农业税时代农村基本公共服务的有效供给模式》，《学习与探索》2012 年第 5 期。

[34] 刘细良、刘迪杨：《我国区域基本公共服务均等化实证研究》，《统计决策》2011 年第 5 期。

[35] 龙献忠：《论政府与非营利组织合作伙伴关系的构建》，《湖南大学学报（社会科学版）》2011 年第 2 期。

[36] 罗震东、韦江绿、张京祥：《城乡基本公共服务设施均等化发展的界定、特征与途径》，《现代城市研究》2011 年第 7 期。

[37] 庞娟、滕明兰：《西部地区创新公共服务供给机制的制约因素与对策思考》，《经济与社会发展》2010 年第 2 期。

[38] 闫丙金、陆艳君：《乡镇政府公共服务供给能力的制约因素与提升策略——以江苏省镇江市高桥镇为例》，《行政与法》2012 年第 6 期。

[39] 邵峰：《公共服务市场化的国际比较及启示》，《深圳大学学报（人文社会科学版）》2005 年第 1 期。

[40] 师冰洁：《河南省农村公共服务体系需求与供给研究——基于取消农业税后的考察》，《安徽农业科学》2012 年第 11 期。

[41] 史张宇、杨文军：《基本公共服务均等化理论与实践——基于陕西神木县的实证分析》，《陕西行政学院学报》2011 年第 1 期。

[42] 舒银燕、庞娟：《广西基本公共服务均等化现状及对策研究》，《广西社会科学》2012 年第 1 期。

[43] 宋惠娟、浦义俊：《苏州地区公共体育服务均等化研究——以小城镇为视角》，《体育科技》2012 年第 2 期。

[44] 孙健、张永华：《新制度经济学视角下的公共服务供给制度完善理路》，《西北师范大学学报》2012 年第 5 期。

[45] 汤学兵、陈秀山：《县域基本公共服务：现状分析与改进措施选择——基于山东 L 县的调查》，《华中师范大学学报（人文社会科学版）》2009 年第 3 期。

[46] 田永贵：《公共服务供给的组织间合作网络》，《东南学术》2008 年第 1 期。

[47] 童伟：《从市场检验到政府职能转变——北京市公共服务供给模式改革分析》，《中央财经大学学报》2007 年第 10 期。

[48] 王春福：《公民身份与城市外来人口公共服务的供给——基于杭州市外来人口调查的分析》，《浙江社会科学》2010 年第 11 期。

[49] 王春停：《政府购买公共服务研究综述》，《社会主义研究》2012 年第 2 期。

[50] 王莹莹：《凭单制在我国低保养老服务中的运用分析》，《中国经贸导刊》2009 年第 17 期。

[51] 魏孟：《关于城乡基本公共服务均等化的几点思考》，《科协论坛》2010 年第 12 期。

[52] 吴光芸:《论构建政府、市场与公民社会三者互动的有效公共服务体系》,《江汉论坛》2005 年第 9 期。

[53] 吴光芸、方国雄:《解决公共服务需求的重要思路——第三部门提供公共服务》,《桂海论丛》2003 年第 5 期。

[54] 吴光芸、叶益民:《公共服务的市场化——我国政府行政改革的重要途径》,《天水行政学院学报》2003 年第 5 期。

[55] 吴光芸、朱丽霞:《第三部门与公共服务的市场化》,《湖北省社会主义学院学报》2003 年第 3 期。

[56] 吴乐珍:《基于因子分析法的各省基本公共服务绩效评价》,《统计与决策》2012 年第 11 期。

[57] 肖建华:《财政分权与社会性公共服务供给》,《当代经济研究》2011 年第 8 期。

[58] 肖结红:《关于提升我国地方政府公共服务供给能力的思考》,《内蒙古农业大学学报》2011 年第 3 期。

[59] 谢锐勤、谢锐君:《公共服务政策制定中的公民参与探究》,《中共银川市委党校学报》2008 年第 2 期。

[60] 谢治菊:《西部地区创新公共服务供给机制的制约因素与对策思考》,《云南行政学院学报》2008 年第 3 期。

[61] 徐朴:《关于推进公共服务市场化和社会化改革的若干思考》,《四川行政学院学报》2011 年第 4 期。

[62] 徐勇、项继权:《公民国家的构建与农村公共物品的供给》,《华中师范大学学报(人文社会科学版)》2006 年第 2 期。

[63] 徐增辉:《论我国公共服务供给现状及市场化改革》,《华北电力大学学报》2005 年第 3 期。

[64] 徐增辉:《我国公共服务市场化及政府责任》,《行政论坛》

2005 年第 10 期。

［65］许晓龙：《公共服务供给机制：一个研究综述》，《山东省农业管理干部学院学报》2013 年第 1 期。

［66］杨国栋：《论我国地方政府公共服务供给能力提升的行动逻辑》，《江西行政学院学报》2007 年第 3 期。

［67］叶倩瑜：《浅议分税制对我国基本公共服务均等化的影响》，《湖南财经高等专科学校学报》2009 年第 10 期。

［68］曾保根：《基于市场化视野的我国公共服务现状评析》，《温州大学学报》2008 年第 4 期。

［69］张凤琴：《我国基本公共服务均等化的问题分析与研究》，《中国证券期货》2012 年第 9 期。

［70］张剑雄：《缩小武汉城市圈城乡公共服务差距的几点思考》，《武汉职业技术学院学报》2009 年第 1 期。

［71］张剑雄：《我国农村公共服务体系建设滞后的原因与对策》，《咸宁学院学报》2008 年第 5 期。

［72］张瑾：《幸福尊严的公共服务视角解读》，《中国行政管理》2010 年第 7 期。

［73］张开云、张兴杰、李倩：《地方政府公共服务供给能力：影响因素与实现路径》，《中国行政管理》2010 年第 1 期。

［74］张利、田雨普：《我国体育公共服务均等化现状及发展对策研究》，《西安体育学院学报》2010 年第 2 期。

［75］张天舒：《内蒙古基层政府公共服务供给的几点思考》，《北方经济》2009 年第 1 期。

［76］张菀洺：《政府公共服务供给的责任边界与制度安排》，《学术研究》2008 年第 5 期。

[77] 赵泽洪、吴义慈：《责任政府视角下的公共服务供给能力建构》，《科技管理研究》2010 年第 7 期。

[78] 赵子建：《公共服务供给方式研究述评》，《中共天津市委党校学报》2009 年第 1 期。

[79] 郑洲：《四川民族地区农村基本公共服务供给能力提升研究——以教育为例》，《黑龙江民族丛刊》2011 年第 5 期。

[80] 祖薇：《福建省沿海与山区农村公共服务体系建设研究——基于建西镇与桃城镇的调查分析》，《福建农林大学学报》2010 年第 13 期。

硕士、博士论文：

[1] 陈维：《我国非政府组织参与公共服务供给问题与对策研究》，西南财经大学硕士学位论文，2009 年。

[2] 陈晓珍：《公共服务供给中的非营利组织参与研究》，厦门大学硕士学位论文，2009 年。

[3] 李刚强：《我国非政府组织的公共服务供给问题研究》，福建师范大学硕士学位论文，2009 年。

[4] 吕嫘杰：《城乡基本公共服务均衡发展的问题及对策探讨》，西华大学硕士学位论文，2012 年。

[5] 庞力：《促进城乡基本公共服务均等化的公共财政制度研究》，湖南农业大学博士学位论文，2010 年。

[6] 田玉超：《安徽省城乡基本公共服务均等化研究》，安徽大学硕士学位论文，2011 年。

[7] 王金磊：《公共服务市场化探析》，华中师范大学硕士学位论文，2009 年。

[8] 王坤宁：《乡镇基层政府的公共服务能力建设研究》，湖南大学硕士学位论文，2010 年。

[9] 王龙:《丽江市城乡基本公共服务均等化研究》,昆明理工大学硕士学位论文,2011年。

[10] 吴红燕:《省管县体制下县级政府的农村公共服务供给能力建设》,云南大学硕士学位论文,2012年。

[11] 吴慧红:《我国政府公共服务供给的财政思考》,华东师范大学硕士学位论文,2009年。

[12] 闫银旺:《当代中国公共财政与公共服务供给能力问题研究》,山东师范大学硕士学位论文,2008年。

[13] 闫越:《我国公共服务供给的体制机制问题研究》,吉林大学博士学位论文,2008年。

[14] 杨燕杰:《非营利组织参与社区公共服务供给方式研究——以上海市静安区非营利组织为例》,华东师范大学硕士学位论文,2012年。

[15] 张璐:《善治视角下我国乡镇政府公共服务供给问题研究》,郑州大学硕士学位论文,2011年。

[16] 张宇航:《我国公共就业服务体系建设研究》,中央民族大学硕士学位论义,2011年。

[17] 周敏:《强化政府公共服务职能的思考》,厦门大学硕士学位论文,2005年。

[18] 朱艳霞:《公共危机视域中的地方政府公共服务供给问题研究》,武汉科技大学硕士学位论文,2009年。

外文文献:

[1] Althaus C. & B. Evans (2012), "Trends in Australian and Canadian Public Service Perceptions from an Employee Survey Perspective", *Australian Journal of Public Administration*, 71 (4), pp. 423-439.

[2] Andrews R. & G. Boyne (2013), "Managing Migration? EU Enlargement, Local Governance Capacity and Performance in England", *Public Admin-*

istration, 91 (1), pp. 174-194.

[3] Andrews R. & G. Boyne (2011), "Corporate Capacity and Public Service Performance", *Public Administration*, 89 (3), pp. 894-908.

[4] Andrews R. & G. Boyne (2010), "Capacity, Leadership, and Organizational Performance: Testing the Black Box Model of Public Management", *Public Administration Review*, 70 (3), pp. 443-454.

[5] Ariely G. (2011), "Why People (Dis) like the Public Service: Citizen Perception of the Public Service and the NPM Doctrine", *Politics & Policy*, 39 (6), pp. 997-1019.

[6] Barabashev A. & J. D. Straussman (2007), "Public Service Reform in Russia, 1991-2006", *Public Administration Review*, 67 (3), pp. 373-382.

[7] Brown T. (2007), "Coercion versus Choice: Citizen Evaluations of Public Service Quality across Methods of Consumption", *Public Administration Review*, 67 (3), pp. 559-572.

[8] Brown T. & M. Potoski (2006), "Contracting for Management: Assessing Management Capacity Under Alternative Service Delivery Arrangements", *Journal of Policy Analysis and Management*, 25 (2), pp. 323-346.

[9] Brown T. L. & M. Potoski (2003), "Contract-Management Capacity in Municipal and County Governments", *Public Administration Review*, 63 (2), pp. 1-12.

[10] Christenaen R. & B. Gazlzy (2008), "Capacity for Public Administration: Analysis of Meaning and Measurement", *Public Administration and Development*, 28 (4), pp. 265-279.

[11] Farazmand A. (2009), "Building Administrative Capacity for the Age of Rapid Globalization: A Modest Prescription for the Twenty-First Century", *Public Administration Review*, 69 (6), pp. 1007-1020.

[12] Fotaki M. (2010), "Towards Developing New Partnerships in Public Services: Users as Consumers, Citizens and/or Co-producers in Health and Social Care in England and Sweden", *Public Administration*, 89 (3), pp. 933-955.

[13] Graycar A. & D. Villa (2011), "The Loss of Governance Capacity through Corruption", *Governance*, 24 (3), pp. 419-438.

[14] Grindle M. & M. Hilderbrand (1995), "Building Sustainable Capacity in the Public Sector: What Can Be Bone?", *Public Administration and Development*, 15 (5), pp. 441-463.

[15] Haque M. S. (2001), "The Diminishing Publicness of Public Service under the Current Mode of Governance", *Public Administration Review*, 61 (1), pp. 1-18.

[16] Jing Yijia & E. S. Savas (2009), "Managing Collaborative Service Delivery: Comparing China and the United States", *Public Administration Review*, 69 (S), pp. 101-107.

[17] Joaquin M. E. & T. J. Greitens (2012), "Contract Management Capacity Breakdown? An Analysis of U. S. Local Governments", *Public Administration Review*, 72 (6), pp. 807-816.

[18] Kim S. & W. Vandenabeele (2010), "A Strategy for Building Public Service Motivation Research Internationally", *Public Administration Review*, 70 (5), pp. 701-709.

[19] Kaifeng Yang, Jun Yi Hsieh and Tzung Shiun Li (2009), "Contracting Capacity and Perceived Contracting Performance: Nonlinear Effects and the Role of Time", *Public Administration Review*, 69 (4), pp. 681-696.

[20] Koppenjan J. F. M. & B. Enserink (2009), "Public-Private Partnerships in Urban Infrastructures: Reconciling Private Sector Participation and

Sustainability", *Public Administration Review*, 69 (2), pp. 284-296.

[21] LeRoux K. & S. K. Pandey (2011), "City Managers, Career Incentives, and Municipal Service Decisions: The Effects of Managerial Progressive Ambition on Interlocal Service Delivery", *Public Administration Review*, 71 (4), pp. 627-636.

[22] Lindquist E. & A. Tiernan (2012), "The Australian Public Service and Policy Advising: Meeting the Challenges of 21st Century Governance", *The Australian Journal of Public Administration*, 70 (4), pp. 437-450.

[23] Menahem G. & R. Stein (2013), "High-capacity and Low-capacity Governance Networks in Welfare Services Delivery: A Typology and Empirical Examination of the Case of Isrieli Municipalities", *Public Administration*, 91 (1), pp. 211-231.

[24] Meyer R. E. & I. Egger-Peitler (2013), "Of Bureaucrats and Passionate Public Managers: Institutional Logics, Executive Identities, and Public Service Motivation", *Public Administration*, 92 (4), pp. 1-25.

[25] Olowu D. (2002), "Capacity Building for Policy Management Through Twinning: Lessons from A Dutch-Namibian Case", *Public Administration and Development*, 22 (3), pp. 275-288.

[26] Osborne S. P. (2011), "Innovation, Public Policy and Public Services Delivery in the UK. The Word that Would be King?", *Public Administration*, 89 (4), pp. 1335-1350.

[27] Perry J. L. & N. D. Buckwalter (2010), "The Public Service of the Future", *Public Administration Review*, 70 (S), pp. 238-245.

[28] Perry J. L. & A. Hondeghem (2010), "Revisiting the Motivational Bases of Public Service: Twenty Years of Research and an Agenda for the Future", *Public Administration Review*, 70 (5), pp. 681-690.

[29] Simmons R. (2011), "Leadership and Listening: The Reception of User Voice in Today's Public Services", *Social Policy and Administration*, 45 (5), pp. 539-568.

[30] Salge T. O. & A. Vera (2012), "Benefiting from Public Sector Innovation: The Moderating Role of Customer and Learning Orientation", *Public Administration Review*, 72 (4), pp. 550-560.

[31] Simon Anderfuhren-Biget, Frédéric Varone and David Giauque (2013), "Policy Environment and Public Service Motivation", *Public Administration*, 92 (4), pp. 807-825.

[32] Tepe M. (2012), "The Public/Private Sector Cleavage Revisited: The Impact of Government Employment on Political Attitudes and Behavior in 11 West European Countries", *Public Administration*, 90 (1), pp. 230-261.

[33] Williams R. A. & K. McNutt (2013), "Climate Change Adaptation and Policy Capacity in the Canadian Finance Sector: A Meso Analysis", *Review of Policy Research*, 30 (1), pp. 1-23.

[34] Witesman E. & L. Walters (2014), "Public Service Values: A New Approach to the Study of Motivation in the Public Sphere", *Public Administration*, 92 (2), pp. 375-405.